JN339757

나 Series

순장 리더십 개발 교재

# 나시리즈 인도자용

성숙한 나

멋진 나

대답이 준비된 나

순출판사
CCC 한국대학생선교회

순장 리더십 개발 교재_ 나시리즈 인도자용

2017년 4월 17일 초판 발행

엮 은 이 한국대학생선교회
발 행 처 순출판사
디 자 인 (주)아이엠크리에이티브컴퍼니
일러스트 (주)아이엠크리에이티브컴퍼니
주 소 서울시 종로구 백석동 1가길 2-8
전 화 02)722-6931~2 팩 스 02)722-6933
인 터 넷 http://www.kccc.org
등록번호 제 1-2464 호
등록년월일 1993.3.15.

값 10,000원
ISBN 978-89-389-0302-0

본서의 판권은 순출판사에 있습니다. 무단 전재 및 복제를 금합니다.
책 내용과 관련된 문의는 한국대학생선교회_MRD(02-397-6260)으로 문의 바랍니다.

# 서문

‘나 시리즈’는 하나님의 사람으로 성장하고, 성숙한 신앙으로 발전하며, 주님과 동행하는 영향력 있고 리더십 있는 제자로 교육받기 위해 만들어진 순장 교육용 교재입니다. ‘나 시리즈’는 ‘성숙한 나’, ‘멋진 나’, ‘대답이 준비된 나’ 총 세 권으로 구성되어 있습니다.

‘멋진 나’를 통해서는 그리스도 안에서 하나님이 주신 꿈을 발견하고, 다른 사람을 사랑하는 제자로 성장할 수 있도록 하였고, ‘성숙한 나’를 통해서는 성숙한 그리스도인으로서 다른 사람을 이해하고 용서하며 권위에 대한 바른 태도를 가지고 좋은 리더가 될 수 있도록 구성했습니다. 또 ‘대답이 준비된 나’에서는 하나님과 예수님, 성경의 권위에 대한 변증적인 이슈들을 분명하게 이해하고 대답할 수 있도록 하여 온전한 복음을 전할 수 있도록 하였습니다.

‘나 시리즈’는 영역별로 주제가 나뉘어 있을 뿐만 아니라 순장들의 필요에 맞는 주제를 선택할 수 있기에 순장 교육용으로도 유용합니다. 또 이 교재는 소그룹 성경공부 또는 주제별 강의 교재로도 사용할 수 있습니다. 리트릿에 가서 집중적으로 여러 과를 공부할 수도 있고, 강의식 또는 토론식으로도 활용할 수 있습니다. 실제 삶과 직결된 이슈들도 많이 다루고 있어 신앙과 삶을 연결하는 데에도 도움이 될 것입니다.

이 교재를 통해 순장(또는 순원)들이 그리스도를 닮아가는 성숙하고 멋진 제자의 삶을 살기를 기대합니다.

– CCC 출판부

나 Series

순장 리더십 개발 교재

# 나시리즈 인도자용 목차

## 성숙한 나


1과 그리스도의 몸을 세우기 I – 용서 10

2과 그리스도의 몸을 세우기 II – 격려 22

3과 권위와 순종 21세기에도 필요한가? 34

4과 좋은 질문하기 How to Ask Good Questions 54

5과 화목의 통로 68

6과 독신기간 멋지게 살기 82

7과 룸메이트와 살아남기 98

8과 지도력이란? 120

9과 지도력 개발 128

## 멋진 나


1과 첫사랑을 회복하기 144

2과 당신을 위한 하나님의 꿈을 발견하는 방법 I 158

3과 당신을 위한 하나님의 꿈을 발견하는 방법 II 188

4과 품격 있는 데이트 204

5과 모범이 되기 216

6과 사랑스럽지 않은 사람들을 사랑하기 236

7과 남녀 차이 존재하는가? 246

8과 선한 양심을 지키기를 배움 256


## 대답이 준비된 나


1과 변증론 입문 274

3과 복음에 대해 한 번도 들어보지 못한 사람들은 어떻게 되는가? 282

4과 복음을 들어본 적이 없는 사람들에 관한 문제 II (보충 자료) 284

5과 질문과 반대에 대답하기 286

6과 사랑의 하나님이 어떻게 악과 고통을 허락하실 수 있는가? 288

7과 그리스도의 신성 1부 (제시를 위한 요약) 296

8과 그리스도의 신성 2부 300

9과 성경의 권위 1부 (제시를 위한 요약) 302

10과 성경의 권위 2부 (보충 자료) 304

나 Series

순장 리더십 개발 교재

# 성숙한 나

# 성숙한 나

1과 그리스도의 몸을 세우기 Ⅰ – 용서 10

2과 그리스도의 몸을 세우기 Ⅱ – 격려 22

3과 권위와 순종 21세기에도 필요한가? 34

4과 좋은 질문하기 How to Ask Good Questions 54

5과 화목의 통로 68

6과 독신기간 멋지게 살기 82

7과 룸메이트와 살아남기 98

8과 지도력이란? 120

9과 지도력 개발 128

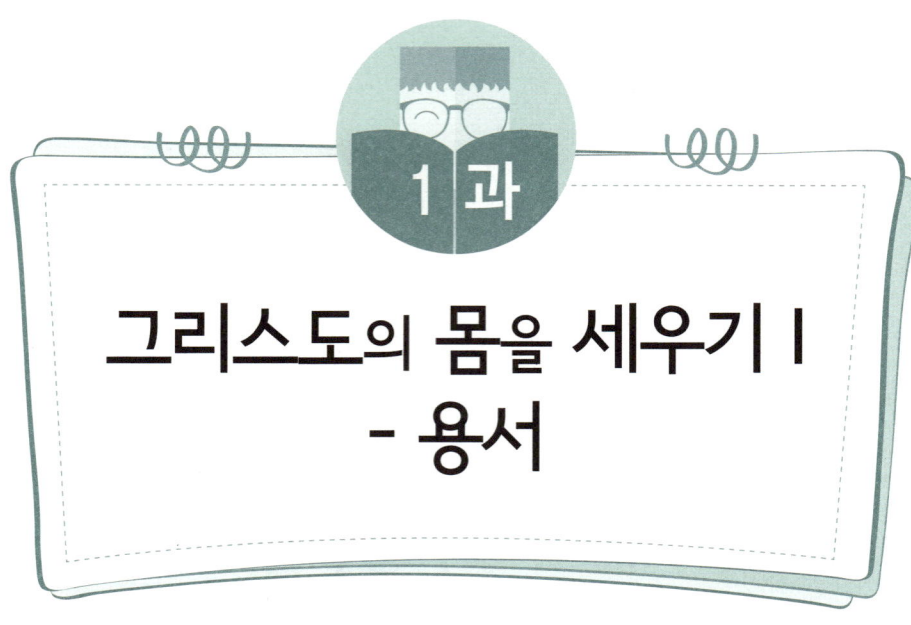

# 그리스도의 몸을 세우기 I - 용서

- 개 관 목 적 -

용서에 대한 성경적 원리들을 배우고 적용하여 그리스도의 몸을 세우는 데 있다.

## 학 습 목 표

이 강의가 끝날 때 당신은,

1. 당신이 용서를 구해야 할 2가지 상황을 말할 수 있다.
2. 다른 사람들에게 용서를 구하는 4가지 단계를 말할 수 있다.
3. 다른 사람들을 격려하는 4가지 방법을 말할 수 있다.
4. 격려의 2가지 필수 요소들을 설명할 수 있다.

**일반적 준비**

(  ) 인도자용 지침과 순원의 교재를 모두 공부하고 인도 준비를 철저히 하라.

(  ) 인도자용 지침서의 왼쪽 여백에 순원 교재의 실제 페이지를 적어 놓으라.

**구체적 준비**

(  ) 빌립보서 1:3-8과 데살로니가전서 1장을 숙지하라. 이 말씀들에 대한 토의를 인도할 준비를 하라.

(  ) 누군가가 당신의 특정한 자질에 대해 인정해 줌으로써 격려 받은 경험과 누군가의 격려가 당신을 하나님께 좀 더 가까이 가도록 동기 부여했던 경험이 있다면 예를 하나 나눌 준비를 하라.

## 1 서론

누가복음 15:11-32은 '탕자의 비유'로 유명하다. 이 비유에서 탕자가 아버지에게 회개하는 장면을 보자.(말씀 전체를 읽으라)

> 눅 15:21-22 [21]아들이 이르되 아버지 내가 하늘과 아버지께 죄를 지었사오니 지금부터는 아버지의 아들이라 일컬음을 감당하지 못하겠나이다 하나 [22]아버지는 종들에게 이르되 제일 좋은 옷을 내어다가 입히고 손에 가락지를 끼우고 발에 신을 신기라

가. 방탕한 아들이 그의 아버지에게 용서를 구할 때 가졌던 몇 가지 단계와 태도를 말해 보라.(눅 15:21-22) (충분히 의견을 말하게 하라)

1) 그는 그의 잘못된 행동을 인정했다.

2) 용서를 구하는 데 아들이 주도권을 쥐었다.

3) 그는 겸손한 태도를 가졌다.

4) 그는 용서에 대한 요청을 말로 표현했다.

## 나. 아들의 요청에 대한 아버지의 태도와 반응은 어떠했는가?

(충분히 의견을 말할 시간을 주라)

1) 아버지는 기꺼이 용서했다.

2) 그는 아들을 측은히 여겼다.

3) 그는 아들의 회개를 기뻐하고 잔치를 베풀었다.

4) 아들이 기대했던 것 보다 또한 그 아들의 마땅한 자격보다 훨씬 더 많은 것을 주었다.

5) 즉시, 옷을 내어다 입히고 손에 가락지를 끼우고 신을 신겼다: 거지에서 아들의 위치로 그 자리에서 격상시킨 것이다. 원래대로 회복시켰다. 이것이 아버지의 사랑이며 곧 하나님의의 사랑이다.

이 말씀을 염두에 두고, 필연적으로 용서를 구해야 하는 2가지 기본적인 상황을 살펴보자.

## 2 당신이 용서를 구해야 할 두 가지 상황

### 가. 당신이 알면서 형제의 마음을 상하게 했을 때 마다 (마 5:23-24)

> 마 5:23-24 [23]그러므로 예물을 제단에 드리려다가 거기서 네 형제에게 원망들을 만한 일이 있는 것이 생각나거든 [24]예물을 제단 앞에 두고 먼저 가서 형제와 화목하고 그 후에 와서 예물을 드리라

이 첫 번째 상황에서는 언제나 당신이 죄를 범한 사람에게 가서 일을 바로잡을 필요가 있다.

때때로 우리는 누군가의 기분을 상하게 할 것을 알면서도 어떤 일을 행하거나 말을 할 때가 있다. 화가 나서 혹은 앙갚음하려는 마음에서, 하나님께서 원하시는 것을 알면서도 오히려 우리가 하고 싶은 대로 말하거나 행동하여 누군가의 마음을 상하게 했을 때, 우리는 먼저 그리스도를 다시 마음의 왕좌에 모셔야만 한다.

그리고 나서 마음을 상하게 한 그 사람에게 가서 용서해 줄 것을 구해야 한다. 고의적으로 하나님과의 교제를 깨뜨렸으므로 미루거나 주저하지 말고 곧바로 가라.

### 나. 마음을 상하게 한 것이 비록 고의가 아니었다 할지라도 성령께서 당신에게 죄를 깨닫게 하실 때

두 번째 상황은 성령 안에서 살아가는 동안에 본의 아니게 누군가의 마음을 상하게 했다는 것을 발견할 때이다. 당신이 행한 혹은 말한 것으로 인해 상대방이 화가 났거나 기분이 상했다는 것을 성령님께서 곧 바로 또는 나중에 깨닫게 하실 때가 있다. 많은 실례 속에서 성령님은 당신을 인도하여 용서를 구하게 하실 것이다.

우리들은 자신의 성숙하지 못함과 민감하지 못함으로 인해 종종 다른 사람들의 기분을 상하게 한다. 그렇지만 하나님께서는 용서를 구하는 법을 통해 우리의 신앙을 한 단계 더 성장시키실 것이다. 당신이 잘못한 경우가 아님에도 어떤 때는 상대방이 지나치게 민감한 경우도 있는데, 그때는 상대방이 기분이 상했다 할지라도 용서를 구할 필요는 없다. 이것은 상대방 스스로가 해결해야 할 문제이기 때문이다.

그러나 교만한 태도와 자신의 행동을 합리화하려는 유혹에 주의하라. 주님이 여러분에게 은총을 주시어 사랑과 겸손의 태도로 상대방을 대하게 하실 것이다. 여러분이 자신의 행동에 대한 책임을 기꺼이 떠맡으려고 한다는 것은 성장하고 성숙했다는 표시이다.

용서의 자유를 경험하게 해 줄 행동 과정이 있다.

## 3 다른 사람들에게 용서를 구하는 4 단계

가. 당신이 잘못 을 저지른 사람을 확인하라 .

먼저 그릇된 관계들을 여러분에게 보여주실 것을 성령님께 간구하라.

당신이 잘못을 저지른 사람들의 이름과 어떤 식으로 잘못을 저질렀는가를 기록하라. 그분의 뜻과 지혜를 나타내 보이시는 성령님께 민감하라. 그러나 자기 분석적이 되지 말라.

성령님은 당신이 사람들과 건강하고 올바른 관계를 맺는 것에 중점을 두기 원하신다.

## 나. 하나님께 나아가라.

1) 당신 자신의 마음을 살피라. 당신이 다른 사람들에 대해 신랄함이나 용서하지 않는 태도를 갖고 있지 않은지 먼저 자신을 점검하라.

마 6:14-15 [14]너희가 사람의 잘못을 용서하면 너희 하늘 아버지께서도 너희 잘못을 용서하시려니와 [15]너희가 사람의 잘못을 용서하지 아니하면 너희 아버지께서도 너희 잘못을 용서하지 아니하시리라

이 구절의 의미는 무엇인가?

참고: 이 구절에 대해 몇 가지 알아야 할 것이 있다.

(1) 하나님의 죄 용서가 내가 다른 사람을 용서하는 여부에 달려있다는 의미는 아니다.
(2) 다른 사람들에 대한 용서는 자신이 하나님께 먼저 용서받았다는 것을 깨닫는 데에서 시작한다.
(3) 이 구절은 하나님과의 교제에 관한 것이다. 우리가 다른 사람을 용서하기를 거부한다면 하나님과 교제하기를 기대할 수 없다는 뜻이다.

하나님께서는 '용서'에 대해 상당히 단호한 원칙을 가지고 계신다.

때로 형제가 여러분의 기분을 상하게 할 때 그것은 그가 속상해 있다는 표시일 가능성이 높다. 그의 필요를 채워줄 수 있는 어떤 방법이 없는지 당신에게 보여 주실 것을 주님께 구하라.

2) 하나님께 당신이 지은 죄를 고백하고 그분의 깨끗케 하심과 용서하심에 감사하라.

당신에게 죄를 지은 모든 사람들을 용서한 후에 주님께 당신의 죄를 용서하고 깨끗케 해 주실 것을 간구하라.
당신이 기분을 상하게 한 각 사람을 위해 믿음으로 그분의 사랑을 구하라.

각 사람을 당신의 인생에서 인격 성장의 도구로 사용하신 것에 대해 하나님께 감사하라.

## 다. 당신이 죄를 범한 사람에게 가서 용서를 구하라.

깨끗한 마음 : 하나님께 순종하여 용서를 구함으로 하나님 앞에서 그리고 죄를 범한 그 사람 앞에서 깨끗한 마음을 얻게 될 것이다.

자유함과 능력: 그 사람에게 가지 않는 경우에 계속해서 올무가 될 수 있는 헛된 공상과 죄에 대한 사탄의 거짓말로부터 자유함과 능력을 누릴 수 있게 될 것이다.

당신이 용서를 구할 때 명심해야 할 일이 몇 가지 있다.

1) 상대방을 화나게 한 그릇된 태도 에 대해 용서를 그하라.

단지 눈에 보이는 잘못된 행동보다는 오히려 이기심, 분노, 시기와 같은 나쁜 태도 들을 자각하는 데 구체적 이 되라.

예를 들면, 화가 나서 지난 이틀 동안 당신과 함께 방을 쓰는 사람(배우자 또는 룸메이트)을 무시했다면 용서를 구하는 가장 효과적인 방법은 "당신을 무시한 것에 대해 저를 용서해 주십시오"와 같이 그 행동뿐만 아니라 "무시한 이유는 제가 당신에게 화가 났었기 때문입니다. 용서해 주십시오"라고 태도의 잘못도 말하라.

한 가지 더 예를 들면 "늦어서 미안합니다"라기 보다는 "당신의 시간과 약속들에 대해 제가 민감하지 못했음을 부디 용서해 주십시오" 라고 말하라.

2) 겸손한 태도로 가라.

용서를 구할 때 잘못을 상대방에게 돌리거나 책망하지 말라.

우리가 누군가의 용서를 구할 때 우리는 종종 상대방을 나무라는 경향이 있다. 예를 들면 "심하게 한 것은 제가 잘못했습니다. 그렇지만 당신도 저에 대해 너무 민감하지 못했습니다"라든가 혹은 "당신이 저를 그렇게 반응하게 한 부분도 있습니다." 이것은 책망의 일부분이 상대방에게 있음을 암시한다.

우리가 하나님께 열린 마음으로 가까이 간다면 그분은 우리에게 겸손함과 회개의 마음을 주실 것이다.

3) 반대로 상대방이 당신에게 용서를 구한다면 너그럽게 응하라.

마 18:21-22 [21]그 때에 베드로가 나아와 이르되 주여 형제가 내게 죄를 범하면 몇 번이나 용서하여 주리이까 일곱 번까지 하오리이까 [22]예수께서 이르시되 네게 이르노니 일곱 번뿐 아니라 일곱 번을 일흔 번까지라도 할지니라

참고: 전통적인 유대인의 가르침은 3번이면 족했다. 베드로 본인으로서는 최대한의 관용을 베푼 것이었다. 7X70 = 490번의 용서는 무한대로 용서하라는 의미이다.

예수님은 형제나 자매를 몇 번이나 용서해야 될 것인가에 대해 그 한도가 없음을 말씀하고 계신다. 당신이 그 수를 헤아리고 있다면 당신은 용서하지 않고 있는 것이다.

4) 민감 하라.

용서를 구하러 갈 때는 민감하라. 민감해짐에 있어 명심해야 할 점이 2가지 있다.

(1) 용서를 구할 적절한 시간을 택하라.

자신에게 방해가 없을 때 가라. 그러나 가능한 빨리 가라. 상대방에게도 적절한 때인지 판단하라.

(2) 당신이 죄를 지은 그 사람만을 포함하라.
그렇지 않을 경우 어떤 일들이 발생할지 생각해 보라. (토론 시간을 가지라)

당사자만을 만나라. 다른 사람들이 포함된다면 실제적인 것보다 더 심각한 문제를 초래할 위험이 있다 (잘못된 소문, 불필요한 방해, 분위기 해침 등)

## 라. 손해를 배상하거나 앞으로의 갈등을 방지할 방법들을 토의하라.

배상은 용서를 구함에 있어서 매우 중요하다.
이것은 말이 실제로 실천되는 것이다.
이것이야 말로 용서를 구하는 진위성이 드러나는 부분이다.
재발 방지를 위한 갈등의 원인에 대해 이야기하는 것 또한 매우 중요하다.

문제가 다시 발생하는 것을 피하기 위해 서로 타협을 요구할 수도 있고 분명한 의사전달 방식을 통해 오해를 해결해 나갈 수도 있다.

용서를 구할 때의 네 가지 단계를 다시 정리해 보자.
가. 잘못을 저지른 사람을 확인하라.
나. 하나님께 나아가라.
다. 그 사람에게 가서 용서를 구하라.
라. 손해를 배상하거나 앞으로의 갈등을 피하기 위한 계획을 세우라.

지금부터 몇 분 동안 자신을 돌아보는 시간을 가지라. 각자 죄를 범해 용서를 구할 필요가 있는 사람들이나 당신에게 죄를 범했기 때문에 오히려 당신이 다가갈 필요가 있는 사람들을 나타내 보여주실 것을 성령님께 구하라.

이것을 하기 위해 아래 실천사항 개요를 따르라.

실천사항을 위해 시간을 할애하라.

## 4 실천사항 : 용서

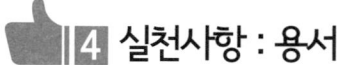

가. 당신이 잘못을 범했기에 용서를 구해야할 필요가 있는 사람들이나 혹은 당신에게 잘못을 범했기에 당신이 말을 걸어야만 할 사람들을 당신에게 알려주실 것을 하나님께 구하라.

나. 당신이 누군가에게 잘못을 했다면 그것을 고백하고 하나님의 용서하심에 대해 그분께 감사하라.
요한일서 1:9을 주장하라. “만일 우리가 우리 죄를 자백하면 저는 미쁘시고 의로 우사 우리 죄를 사하시며 모든 불의에서 우리를 깨끗케 하실 것이요”

다. 빠른 시일 내에 그 사람과 함께 만날 시간을 정하라.
그 시간을 확정하기 위해 그와 언제 연락할 것인가를 결정하라.
가능한 빨리 연락하고 만날 시간을 정하라.

우리들이 어떻게 그리스도의 몸을 세울 수 있는가에 대해 계속 주목하면서, 우리의 초점을 용서에서 격려로 돌려보고자 한다. 이 부분은 다음 시간에 해도 된다.

# 2 과

# 그리스도의 몸을 세우기 II - 격려

**- 개 관 목 적 -**

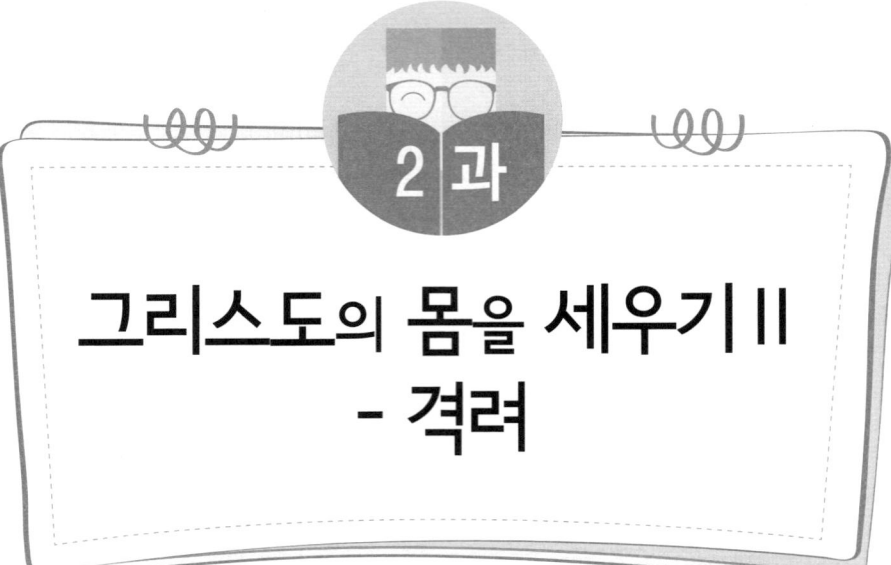

**격에 대한 성경적 원리들을 배우고 적용하여 그리스도의 몸을 세우는 데 있다.**

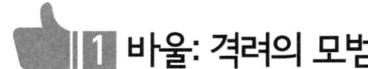

## 1 바울: 격려의 모범

### 가. 말씀 공부

고후 1:3-4 3찬송하리로다 그는 우리 주 예수 그리스도의 하나님이시요 자비의 아버지시오 모든 위로의 하나님이시며 4우리의 모든 환난 중에서 우리를 위로하사 우리로 하여금 하나님께 받은 위로로써 모든 환난 중에 있는 자들을 능히 위로하게 하시는 이시로다

빌 4:2 내가 유오디아를 권하고 순두게를 권하노니 주안에서 같은 마음을 품으라.

딤후 4:2 너는 말씀을 전파하라 때를 얻든지 못 얻든지 항상 힘쓰라 범사에 오래 참음과 가르침으로 경책하며 경계하며 권하라

밑줄 친 단어들은 모두 파라칼레오(Parakaleo)라는 공통된 헬라어 어원을 가졌는데 이것은 '함께 부르심을 받다'를 뜻한다.

요 14:16 내가 아버지께 구하겠으니 그가 또 다른 보혜사(파라클레이토스)를 너희에게 주사 영원토록 너희와 함께 있게 하시리니

요 14:16에서는 명사 형태(파라클레이토스)로 발견된다. '보혜사'라고 번역되어있는데(혹은 어떤 번역에서는 '위로자')성령님을 말한다.

**바꾸어 말하면, 성령의 사역의 중요한 특징 중 하나가 '위로하고 돕고 세우고 격려'하는 일이다. 성도들도 삶 속에서 동일한 것을 행하도록 명령하신다. 즉, 우리도 다른 성도들과 함께 동행하거나 혹은 그들을 돕는 것이 요구된다.**

## 나. 빌립보 교인들에게

빌 1:3-8 [3]내가 너희를 생각할 때마다 나의 하나님께 감사하며 [4]간구할 때마다 너희 무리를 위하여 기쁨으로 항상 간구함은 [5]너희가 첫날부터 이제까지 복음을 위한 일에 참여하고 있기 때문이라 [6]너희 안에서 착한 일을 시작하신 이가 그리스도 예수의 날까지 이루실 줄을 우리는 확신하노라 [7]내가 너희 무리를 위하여 이와 같이 생각하는 것이 마땅하니 이는 너희가 내 마음에 있음이며 나의 매임과 복음을 변명함과 확정함에 너희가 다 나와 함께 은혜에 참여한 자가 됨이라 [8]내가 예수 그리스도의 심장으로 너희 무리를 얼마나 사모하는지 하나님이 내 증인이시니라

### 1) 이 말씀에서 바울은 빌립보 교인들을 어떻게 격려하고 있는가?

사도 바울은 지금 로마의 감옥에서 이 편지를 쓰고 있다; 격려를 받아야 할 처지에 있는 바울이 오히려 빌립보 교인들을 격려하고 있다; 그들을 생각할 때마다 바울은 하나님께 감사하는 마음으로 가득하다; 그들이 복음을 위한 일에 처음부터 참여하고 있기 때문이다; 그들을 위해 항상 기도하고 있다; 그들을 향한 그의 사랑과 사모함을 전하고 있다.

2) 바울은 하나님에 대해 어떤 것을 말하므로 빌립보 교인들을 격려하고 있는가?

너희 안에 착한 일을 시작하신이가 그리스도 예수의 날까지 이루실 것임(빌 1:6); 즉, 예수님이 다시 오실 그 날까지, 즉 하나님께서 복음을 완성하실 때까지 그들과 함께 하실 것임.

## 다. 데살로니가 교인들에게

살전 1장 [1]바울과 실루아노와 디모데는 하나님 아버지와 주 예수 그리스도 안에 있는 데살로
니가인의 교회에 편지하노니 은혜와 평강이 너희에게 있을지어다 [2]우리가 너희 모두로 말미암
아 항상 하나님께 감사하며 기도할 때에 너희를 기억함은 [3]너희의 믿음의 역사와 사랑의 수고
와 우리 주 예수 그리스도에 대한 소망의 인내를 우리 하나님 아버지 앞에서 끊임없이 기억함
이니 [4]하나님의 사랑하심을 받은 형제들아 너희를 택하심을 아노라 [5]이는 우리 복음이 너희에
게 말로만 이른 것이 아니라 또한 능력과 성령과 큰 확신으로 된 것임이라 우리가 너희 가운데
서 너희를 위하여 어떤 사람이 된 것은 너희가 아는 바와 같으니라 [6]또 너희는 많은 환난 가운
데서 성령의 기쁨으로 말씀을 받아 우리와 주를 본받은 자가 되었으니 [7]그러므로 너희가 마게
도냐와 아가야에 있는 모든 믿는 자의 본이 되었느니라 [8]주의 말씀이 너희에게로부터 마게도
냐와 아가야에만 들릴 뿐 아니라 하나님을 향하는 너희 믿음의 소문이 각처에 퍼졌으므로 우리
는 아무 말도 할 것이 없노라 [9]그들이 우리에 대하여 스스로 말하기를 우리가 어떻게 너희 가운
데에 들어갔는지와 너희가 어떻게 우상을 버리고 하나님께로 돌아와서 살아 계시고 참되신 하
나님을 섬기는지와 [10]또 죽은 자들 가운데서 다시 살리신 그의 아들이 하늘로부터 강림하실 것
을 너희가 어떻게 기다리는지를 말하니 이는 장래의 노하심에서 우리를 건지시는 예수시니라

참고: 아가야는 마세도냐의 남쪽에 있는 지역이다.

1) 이 말씀에서 바울은 데살로니가 교인들을 어떻게 격려하고 있는가?

데살로니가전서 1장의 말씀들을 이해하며 동시에 바울이 그들을 격려하는 일들을 나열해보자.

(1) 그들로 인해 하나님께 항상 감사함 (2절)

(2) 기도하며 그들을 기억함 (2절)

(3) 그들은 바울에게 기쁨의 존재들임, 특히 그들이 믿음으로 한 일들 (믿음의 역사), 그리스도를 위해 베푼 사랑의 노고 (사랑의 수고), 소망을 가지고 견디는 인내(소망의 인내)를 기억함 (3절)

(4) 그들이 구원받았다는 사실은 그들이 하나님께 택함을 받았다는 증거임 (4절)

(5) 복음이 그들에게 전달된 것은 하나님의 능력과 성령께서 주신 확신이지 단순히 말로 된 것이 아님 (5절)

(6) 환난가운데서서도 그들은 성령의 기쁨으로 주의 본을 따름 (6절)

(7) 그것으로 그들은 믿는 자의 본이 됨 (7절)

(8) 그들이 주의 말씀을 각처에 전파하며 믿음의 소문이 각처에 퍼짐 (8절)

(9) 사도 바울이 말하지 않아도 이들 스스로가 바울의 선고업적을 소문내며 자신들이 어떻게 우상에서 돌아섰는지를 간증함 (9절)

(10) 예수 그리스도의 재림을 소망을 가지고 기다림 (10절)

2) 바울이 격려하기 위해 언급하고 있는 하나님이 행하신 일들은 무엇인가 ?

(1) 데살로니가 교인들을 택하여 구원하여 주심 (4절)

(2) 성령의 능력으로 복음이 전달됨 (5절)

(3) 죽은 자들 가운데서 다시 살리신 그의 아들이 하늘로부터 강림하실 때에 하나님의 진노에서 이들을 건져주실 것임 (10절)

## 2 다른 사람들을 격려하는 네 가지 방법

가. 그가 어떤 사람인가 에 대해 그를 격려하라.

그들이 주님께 귀중하다는 것을 깨닫게 해 줄 기회를 주는 것은 그들을 세우고 높여 줄 수 있다.

1) 그리스도안에서 그의 가치를 말해 주라.

엡 5:1-2 [1]그러므로 사랑을 받는 자녀 같이 너희는 하나님을 본받는 자가 되고 [2]그리스도께서 너희를 사랑하신 것 같이 너희도 사랑 가운데서 행하라 그는 우리를 위하여 자신을 버리사 향기로운 제물과 희생 제물로 하나님께 드리셨느니라

참고 : 위의 말씀의 핵심은 사랑을 받는 하나님의 자녀로서 '하나님을 본받는 자가 되라'는 것이다. 2절은 어떻게 그렇게 될 수 있는 지를 설명해 준다. '사랑으로 행하라'는 것이다. 그리스도께서 이미 사랑으로 행하는 삶의 본을 보여 주셨는데 그것은 바로 자신을 희생하신 본이다.

다른 사람을 격려할 때 그들이 예수님의 희생 제물로 얻어진 사랑받는 귀한 존재임을 말해주라. 그리스도 안에서 그들의 영적 유산에 대해 말해주고 있는 성경말씀을 나누라.

### 2) 그의 삶에서 특정한 자질을 인정해 주라.

살전 5:11 그러므로 피차 권면하고 서로 덕을 세우기를 너희가 하는 것 같이 하라
→ 서로 격려하기를 늘 하던 대로 하라는 의미이다. 이것이 초대 교회들의 모습이다. 모일 때마다 늘 권면하고 격려했음을 알 수 있다.

기회가 있을 때마다 자주 말씀으로 격려하는 것이 좋다: 형제 자매들의 성격, 재능, 기술, 지도력, 운동신경, 영적인 은사 등이 자질이 될 수 있다.

누군가가 당신 속에 있는 특별한 자질을 존중한다는 표현을 했을 때 당신이 얼마나 격려를 받았는가에 대한 개인적인 실례를 나누라.

## 나. 그가 하고 있는 것에 대해 그를 격려하라.

### 1) 하나님에 대한 그의 사랑과 순종에 대해 격려하라.

골 1:3-4 [3]우리가 너희를 위하여 기도할 때마다 하나님 곧 우리 주 예수 그리스도의 아버지께 감사하노라 [4]이는 그리스도 예수 안에 너희의 믿음과 모든 성도에 대한 사랑을 들었음이요

바울이 그리스도 안에서 골로새 인들의 믿음을 칭찬하는 것을 보라. 이러한 종류의 격려는 각 사람의 인생에서 하나님이 하신 일에 대해 하나님께 영광을 돌리게 한다.

2) 다른 사람들에 대한 그의 사랑 에 대해 격려하라.

히 6:10 하나님은 불의하지 아니하사 너희 행위와 그의 이름을 위하여 나타낸 사랑으로 이미 성도를 섬긴 것과 이제도 섬기고 있는 것을 잊어버리지 아니하시느니라

하나님은 정의로우시다. 우리가 하나님의 이름으로 다른 사람을 사랑으로 섬긴 것을 기억하실 것이다. 다른 사람들을 사랑하는 것으로 인해 그를 격려할 때 우리는 그의 그리스도를 닮은 행동을 강화하는 것이다.

3) 다른 사람들에 대한 그의 사역 에 대해 격려하라.

살전 1:8 주의 말씀이 너희에게로부터 마게도냐와 아가야에만 들릴 뿐 아니라 하나님을 향하는 너희 믿음의 소문이 각처에 퍼졌으므로 우리는 아무 말도 할 것이 없노라

복음 전파와 제자화로 다른 사람들의 삶에 전념할 수 있는 그의 진실성에 대해 격려하라. 결코 쉽지 않은 일을 하고 있는 것이다.

## 다. 하나님이 어떤 분이신가에 대해 그에게 깨닫게 함으로써 그를 격려하라.

1) 그에게 하나님의 속성들 을 깨닫게 하라.(시편 145편)
2) 하나님이 사람들에게 그 자신을 나타내 보이신 성경의 예들을 그에게 보여주라.

이 두 가지 요점은 사람들을 격려하는 중요한 방법들이다. 시편의 많은 말씀들이 하나님의 속성들을 강조하고 있다. 하나님께서 어떻게 다윗, 기드온, 모세 등에게 그 자신을 나타내 보이셨는가에 대한 이야기들을 나누라. 하나님의 속성에 대한 책은 누군가를 격려하기 위해 줄 수 있는 좋은 선물이 될 것이다.

## 라. 하나님이 행하시는 것들을 그에게 깨닫게 함으로써 그를 격려하라.

### 1) 그리스도가 그를 위해 이미 이루신 것들을 깨닫게 하라.(에베소서 1:3-8상)

엡 1:3-8상 [3]찬송하리로다 하나님 곧 우리주 예수 그리스도 아버지께서 그리스도 안에서 하늘에 속한 모든 신령한 복을 우리에게 주시되 [4]곧 창세전에 그리스도 안에서 우리를 택하사 우리로 사랑 안에서 그 앞에 거룩하고 흠이 없게 하시려고 [5]그 기쁘신 뜻대로 우리를 예정하사 예수 그리스도로 말미암아 자기의 아들들이 되게 하셨으니 [6]이는 그가 사랑하시는 자 안에서 우리에게 거저 주시는 바 그의 은혜의 영광을 찬송하게 하려는 것이라 [7]우리는 그리스도 안에서 그의 은혜의 풍성함을 따라 그의 피로 말미암아 속량 곧 죄 사함을 받았느니라 [8]이는 그가 모든 지혜와 총명을 우리에게 넘치게 하사

### 2) 그에게 그의 인생에서 지금 크신 일들을 행하시겠다고 하신 하나님의 약속을 깨닫게 하라.

빌 2:13 너희 안에서 행하시는 이는 하나님이시니 자기의 기쁘신 뜻을 위하여 너희에게 소원을 두고 행하게 하시나니

그리스도를 통해 우리들은 이미 모든 영적인 축복을 받았음을 깊이 생각하기 바란다. 그분은 창세전에 우리를 택하셨다. 그분은 예정하사 우리로 그분의 아들들이 되게 하셨다. 그분은 은혜의 풍성함을 우리에게 아끼지 아니하시고 주신다. 이러한 것들은 우리 마음속에 소망과 힘을 다시 북돋워 주는 훌륭한 것들이다.

## 3 격려의 두 가지 필수 요소

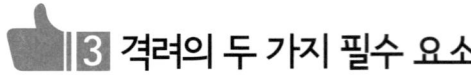

### 가. 격려는 진실 해야 한다.(마태복음 16:13-19, 21-23)

그릇된 격려나 아첨 혹은 그들 자신이나 처지에 대해 실재가 아닌 허상을 주는 것으로서는 다른 사람들을 결코 도울 수 없다. 예수님은 언제나 진실만을 말씀하셨다.

그의 제자들이 성장함을 보이고 통찰력을 보였을 때 예수님은 그들을 칭찬하는 데 민감하셨다. 그러나 베드로가 예수님이 예루살렘에 가시는 것을 막으려 했을 때처럼 그들이 그분의 목적을 완전히 오해했을 때 예수님은 더 이상 칭찬하지 않으셨다. 오히려 그분은 베드로에게 그가 잘못되었다는 것을 보여 주셨다.

### 나. 격려는 그 사람에게 하나님과 가까이 동행하도록 동기부여 해야 한다.

살전 2:11-12 [11]너희도 아는 바와 같이 우리가 너희 각 사람에게 아버지가 자기 자녀에게 하듯 권면하고 위로하고 경계하노니 [12]이는 너희를 부르사 자기 나라와 영광에 이르게 하시는 하나님께 합당히 행하게 하려 함이라

→ 하나님은 하나님나라와 그 분의 영광으로 우리를 부르신다. 그러므로 우리는 그 분께 합당히 행해야 한다.

누군가의 격려가 당신의 마음을 좀 더 하나님께 가까이 가도록 영향을 주었던 때의 개인적인 실례를 나누라.

격려에 대해 서로 궁금한 점이나 어려운 점을 나누도록 시간을 주라.

## 4 실천사항 : 격려

가. 당신이 배운, 사람을 격려하는 네 가지 방법을 생각해 볼 때, (그가 어떤 사람인가, 그가 행하고 있는 것, 하나님은 어떤 분이신가, 하나님이 행하시는 것에 대해 그를 격려함) 당신은 어느 방법을 가장 자주 이용하는가?

나. 당신의 가까운 사람들을 생각해 볼 때, 당신은 누구를 가장 자주 격려하는가? 당신은 어떻게 그들을 격려 하는가?

다. 당신이 자주 격려를 하지 않는 사람은 누구인가? 그 이유는?

라. 당신은 이것을 어떻게 바꿀 수 있겠는가? 변화를 위한 구체적인 계획을 세우라.

# 자기점검복습

## 몸을 세우는 것을 배움

1. 참/거짓 : 당신이 알면서 누군가에게 죄를 범했다면, 당신은 용서를 구하러 가기 전에 성령님이 죄를 깨닫게 해 주시기를 기다릴 필요가 있다.

(답 : 거짓 )

2. 기분을 상하게 한 것이 비록 고의가 아니라 할지라도 성령님이 우리에게 죄를 깨닫게 하실 때 우리는 용서를 구해야만 한다.

3. 빈칸을 채우고 아래의 진술들이 이루어지는 순서대로 각 진술 뒤에 번호를 쓰라.

가. 하나님께 가라.(다른 사람들을 용서하고 죄를 고백하라) ( 2 )

나. 손해를 배상하거나 앞으로의 갈등을 방지할 방법들을 토의하라. ( 4 )

다. 당신이 잘못을 저지른 각 사람을 확인하라. ( 1 )

라. 당신이 죄를 범한 사람에게 가서 그들의 용서를 구하라 . ( 3 )

4. 다른 사람들을 격려하는 네 가지 방법을 말하라.

가. 그가 어떤 사람인가에 대해 그를 격려하라.

나. 그가 하고 있는 것에 대해 그를 격려하라.

다. 하나님이 어떤 분이신가 그에게 깨닫게 하라.

라. 하나님이 행하시는 것들을 그에게 깨닫게 하라.

5. 참/거짓 : 격려는 다른 사람들에게 너무나도 필요한 것이어서 우리가 진실을 약간 왜곡할 필요가 있을 때일지라도 그것은 가치가 있다.

(답 : 거짓 )

정정할 시간을 주라.

# 권위와 순종 21세기에도 필요한가?

- 개 관 목 적 -

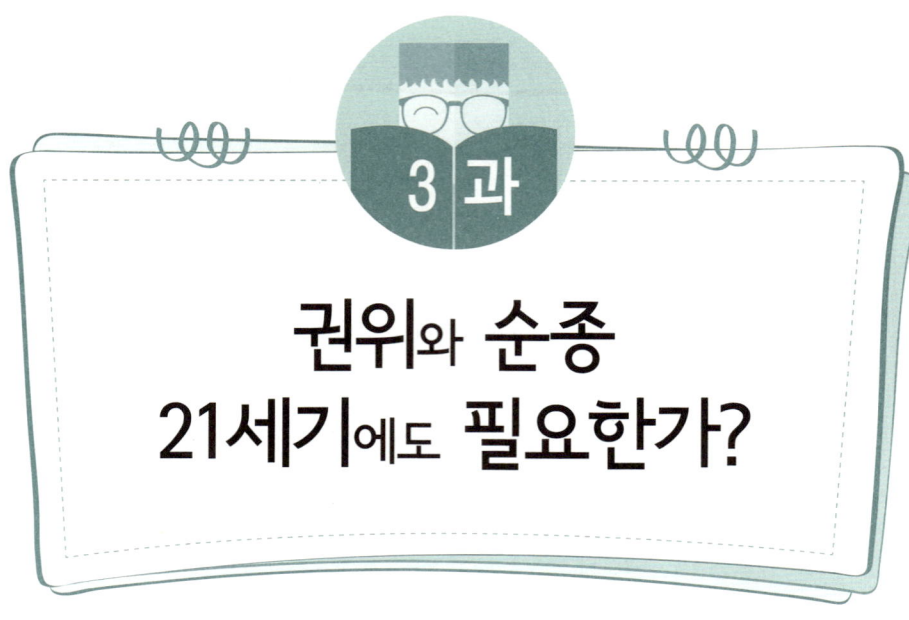

하나님의 권위에 복종하는 것에 대한 성경적 가르침을 배운다.

## 학 습 목 표

이 강의가 끝날 때 당신은,

1. 모든 권위에 대한 근원을 설명할 수 있다.
2. 왜 권위가 필요한지 이유를 설명할 수 있다.
3. 불순종의 행위에 대해 구약의 교훈을 배울 것이다.
4. 예수님이 보이신 순종의 모범으로부터 개인적으로 배워야 할 교훈을 말할 수 있다.

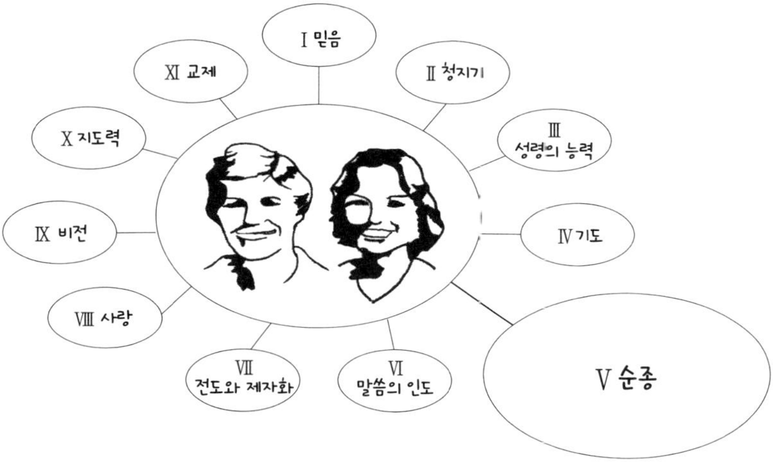


이 과에서는 순종의 특징에 대해 배울 것이다. 그리고 권위와 순종에 대한 성경의 가르침을 살펴볼 것이다. 그 다음에는 하나님의 권위를 인정하고 순종하는 것이 왜 중요한가를 배울 것이다.

## 1 서론

우리에게는 왜 권위가 필요한가?

교통법규가 없다면 도로에 어떤 상황이 일어날까?

법규들이 전혀 없다면 우리 삶속에 어떤 일들이 벌어질까?

가끔 우리는 권위를 원치 않거나 필요 없다고 느낄 때가 있다. 우리는 우리가 원하는 대로 행동 할 수 있기를 바란다. 그러나 만약 교통법규가 없다면 어떻게 될 것인지를 생각해 보라. 당신은 길 오른편에서 운전할 것인가? 혹은 왼편에서 운전할 것인가? 만일 오른편에서 운전했을 때 누군가 반대편 쪽에서 당신에게 다가와 사고를 일으키지 않으리라 확신할 수 있는가? 만약 누군가 실수로 당신의 차를 들이받았을 때 상대방이 당신에게 입힌 손해와 부상을 보상할 보험계약이 없다면 어떻게 될까?

당신은 권위의 필요에 대해 어떻게 생각하는가?

일체의 법규들이 존재하지 않고 당신을 보호해 줄 경찰관이 없다면 어떻게 될 것인가? 강한 자는 그들이 원하는 대로 무엇이든 할 것이다. 당신의 재산을 빼앗아가거나 신체적으로 당신을 학대하거나 심지어 자신들을 섬기라고 당신에게 강요할 수도 있다.

비록 우리가 권위에 대해 대항하려는 경향이 있을지라도 분명히 인류는 권위를 필요로 하고 있다.

## 2 권위의 근원은 무엇인가?

로마서 13:1–7을 읽으라.

1각 사람은 위에 있는 권세들에게 복종하라 권세는 하나님으로부터 나지 않음이 없나니 모든 권세는 다 하나님께서 정하신 바라

2그러므로 권세를 거스르는 자는 하나님의 명을 거스름이니 거스르는 자들은 심판을 자취하리라

3다스리는 자들은 선한 일에 대하여 두려움이 되지 않고 악한 일에 대하여 되나니 네가 권세를 두려워하지 아니하려느냐 선을 행하라 그리하면 그에게 칭찬을 받으리라

→ 다스리는 자들은 선한 일을 하는 자들에게는 두려움이 되지 않고 악한 일을 하는 자들에게 두려움이 되기 때문에 선을 행하면 권세를 두려워 할 필요가 없다는 의미이다.

4그는 하나님의 사역자가 되어 네게 선을 베푸는 자니라 그러나 네가 악을 행하거든 두려워하라 그가 공연히 칼을 가지지 아니하였으니 곧 하나님의 사역자가 되어 악을 행하는 자에게 진노하심을 따라 보응하는 자니라

→ 다스리는 자들이 선을 베푸는 한 그들은 하나님의 사역자로서 역할을 하는 것이다. 그들이 칼을 가진 이유도 악을 행하는 자들을 다스리기 위함이다. 그런 의미에서 그들은 하나님의 사역자로서 역할을 하는 것이다. 다스리는 자들이 제대로 역할을 한다면 하나님 대신 사회악을 제거하는 자여야 한다. 또한 선한 시민을 보호하는 자여야 한다. 물론 다스리는 자들의 타락은 또 다른 이슈이다.

5그러므로 복종하지 아니할 수 없으니 진노 때문에 할 것이 아니라 양심을 따라 할 것이라

→ 다스리는 자들에게 복종해야 하는 두 가지 이유이다. 첫째는 복종하지 않으면 그들의 진노의 대상이 되기 때문이다. 또 다른 이유는 하나님의 원리를 따르라는 양심의 소리를 들어야 하기 때문이다. 성경은 전자 때문보다 후자 때문에 그렇게 하라고 가르친다.

6너희가 조세를 바치는 것도 이로 말미암음이라 그들이 하나님의 일꾼이 되어 바로 이 일에 항상 힘쓰느니라

→ 위와 같은 이유로 다스리는 자들이 제대로 일할 수 있도록 조세를 잘 내야 한다.

7모든 자에게 줄 것을 주되 조세를 받을 자에게 조세를 바치고 관세를 받을 자에게 관세를 바치고 두려워할 자를 두려워하며 존경할 자를 존경하라

→ 이것이 핵심포인트이다. 다스리는 자에게 그들에게 합당한 조세를 바치고 존중과 존경을 나타내라는 가르침이다.

모든 능력과 권위는 하나님 께로부터 나왔다. 하나님이 우주 만물의 근원인 것처럼 하나님은 우주 내에 있는 권위 의 근원이시다.

하나님이 권위의 근원이시기 때문에 바울은 로마서에서 기독교인은 하나님이 세우신 세상 권세에 복종해야 한다고 말한다. 비록 바울은 권위의 부패와 남용을 알고 있었지만 그는 정부의 권위에 복종했다. 예수님 자신도 위정자의 권위에 복종하여 죽음을 당하셨다.

만약 예수님께서 하나님께 복종하지 않기로 결정하고 십자가에 달리지 않으셨다면 그 결과가 어떠했을 지를 생각해 보라. 잠깐 나누는 시간을 가지라.

이 세상을 위한 구원의 길은 없었을 것이다. 예수님과 바울 두 분 다 우리가 우리에게 미치고 있는 권세에 복종함으로써 하나님께 복종하는 모범을 보여주었다. 그러므로 세상 권위에 대항하는 것은 하나님께 대항하는 것이다. 나중에 우리는 하나님께 불순종하도록 강요하는 권위에 대해 토론할 것이다.

## 3 권위에 대한 불순종의 예

다음의 예나 혹은 당신 자신의 비슷한 예화를 관련시켜 설명하라.

사람들은 '나'라는 자기중심의 문제를 가지고 있다. 어린아이들에게서도 이런 문제를 볼 수 있다. 세 살 난 소년이 일부러 우유를 부엌 바닥에 엎지르자 엄마는 걸레를 건네주며 닦으라고 했다. 소년은 거절했다. 이 소년은 '난 안 할거야'란 문제를 가지고 있었다. 엄마는 계속 강요하다 마침내 소년에게 매를 들어야 했고 어린 소년은 울면서 소란을 피웠다. 그러나 엄마는 끝까지 고집하여 30분이 걸렸으나 마침내 소년은 지저분한 것을 치워야 했다. 조금 엎지른 우유에 비해 상당히 소란스러운 일로 들리나 그 소년의 엄마는 그녀의 아들이 권위에 복종하는 것을 배우는 것이 얼마나 중요한지를 알고 있었다. 엄마를 위해서가 아니라 아들의 인격 발달을 위해 그렇게 한 것이다. 이 경우는 권위뿐만이 아니라 자기가 잘못한 것에 대한 책임까지도 포함한다.

다음은 성경에 나오는 불순종의 예를 보면서 권위에 복종하는 것이 얼마나 중요한지를 살펴보자.

## 가. 아담과 하와는 하나님께 순종하기보다 오히려 사탄 의 말에 귀를 기울였다.

창세기 2:16-17과 3:1-6; 로마서 5:19상

창 2:16-17 [16]여호와 하나님이 그 사람에게 명하여 이르시되 동산 각종 나무의 열매는 네가 임의로 먹되 [17]선악을 알게 하는 나무의 열매는 먹지 말라 네가 먹는 날에는 반드시 죽으리라 하시니라

창 3:1-6 [1]그런데 뱀은 여호와 하나님이 지으신 들짐승 중에 가장 간교하니라 뱀이 여자에게 물어 이르되 하나님이 참으로 너희에게 동산 모든 나무의 열매를 먹지 말라 하시더냐 [2]여자가 뱀에게 말하되 [3]동산 나무의 열매를 우리가 먹을 수 있으나 동산 중앙에 있는 나무의 열매는 하나님의 말씀에 너희는 먹지도 말고 만지지도 말라 너희가 죽을까 하노라 하셨느니라 [4]뱀이 여자에게 이르되 너희가 결코 죽지 아니하리라 [5]너희가 그것을 먹는 날에는 너희 눈이 밝아져 하나님과 같이 되어 선악을 알 줄 하나님이 아심이니라 [6]여자가 그 나무를 본즉 먹음직도 하고 보암직도 하고 지혜롭게 할 만큼 탐스럽기도 한 나무인지라 여자가 그 열매를 따먹고 자기와 함께 있는 남편에게도 주매 그도 먹은지라

롬 5:19 한 사람이 순종하지 아니함으로 많은 사람이 죄인 된 것 같이

아담과 하와의 불순종의 결과는 무엇이었는가? (토론하는 시간을 가지라)

그들은 하나님 대신 사탄의 말을 듣고 하나님이 먹지 말라고 한 과실을 따먹었다. 그들은 수치를 경험하였고 에덴동산에서 추방되었다. 그들의 불순종은 인류 전체에게 죄의 본성을 전하는 영향을 끼쳤다.

여기에 사탄이 남자와 여자를 하나님의 권위에 불순종하도록 미혹시키는 첫 번째 예가 나와 있다. 아담과 하와는 아무런 문제와 근심 걱정이 없는 완전한 환경 속에서 살았고 자신들을 창조하신 하나님께 쉽게 접근할 수 있었다. 그들은 하나님으로부터 직접 분명한 명령을 받았으나 사탄의 유혹에 넘어갔다. 그들이 죄를 지었을 때 그들의 행동은 전 인류에게 커다란 영향을 미치게 되었다.

이 예는 인간이 하나님께 불순종할 때 그 결과가 얼마나 멀리까지 영향을 미치는가를 보여준다. 하나님께 불순종하는 것은 결코 사소한 일이 아니다.

나. 나답과 아비후는 하나님 이 명하지 않은 그들 자신의 분향 불로 분향을 했다.

레위기 10:1-2

레 10:1-2 [1]아론의 아들 나답과 아비후가 각기 향로를 가져다가 여호와께서 명령하시지 아니하신 다른 불을 여호와 앞에 분향하였더니 [2]불이 여호와 앞에서 나와 그들을 삼키매 그들이 여호와 앞에서 죽은지라

나답과 아비후는 어떤 불순종을 저질렀는가?

나답과 아비후는 제사장이었고, 하나님께서 그들에게 어떻게, 언제 분향을 할 것인가에 대해 명확하게 지시하셨다. 그러나 이 두 사람은 하나님께 불순종하고 그들 마음대로 선택한 분향을 드렸다 → '여호와께서 명령하시지 아니하신 다른 불을 담아 분향함'

나답과 아비후의 불순종의 결과는 무엇이었는가?

나납과 아비후는 죽임을 당했다. (불이 여호와 앞에서 나와서 그들을 삼킴) 하나님과 백성 사이에서 중보의 일을 하는 제사장의 불순종은 자신들의 죽음을 초래했다.

이 불순종의 예는 구약 전체에 걸친 제사, 분향 및 제사장직 제도에 인간이 하나님과 관련을 맺는 방법에 영향을 미치기 때문에 중요하다. 하나님은 그의 백성에게 하나님께서 규정하신 대로 예배드리는 것이 얼마나 중대한지를 나타내 보여주셨다.

다음 예화나 혹은 당신 자신의 비슷한 예화를 관련시키라.

예화

미국 육군사관학교, 웨스트포인트는 장래의 미국군 장교를 훈련시킨다. 각 사관생도는 사관학교의 명예에 관한 엄격한 관례를 지키도록 서명해야 한다. '사관생도는 거짓말, 사기, 도둑질을 말 것이며 그런 짓을 하는 사람들을 묵인하지 않을 것이다.' 이것이 규율이다. 사관생도가 되려면 사관학교의 방식에 따라야만 한다. 그러나 가끔 자기 방식대로 행동하는 사람이 있다. 예를 들면 1976년 3월, 49명의 학생들이 시험 때 부정행위로 고발을 받고 퇴학을 당했다. 그들은 사관학교의 방식대로 따르지 않을 것을 선택했고 따라서 그 결과로 대가를 치러야 했다.

## 다. 아론과 미리암은 하나님께서 이스라엘 자손의 지도자로 명한 모세를 비방했다.

민수기 12:1-15 (성경을 찾아 읽으라.)

미리암과 아론은 어떤 불순종을 저질렀는가?

미리암과 아론은 하나님께서 그들과 이스라엘 백성 전체 위에 권위를 행사하도록 지명하신 그들의 동생, 모세를 질투했다. 그들은 모세의 두 가지 결점을 들어 비방함으로써 모세의 권위에 대항했다.

미리암과 아론은 모세의 어떤 점을 핑계로 이용했는가?

첫째, 모세가 구스 여자(이디오피아: 더 정확히 하지면, 남부 이집트, 북 이디오피아와 수단 지역을 가리킨다)와 결혼한 것을 비난했다.

둘째, 그들은 사실상 모세가 자기들보다 무엇이 더 그렇게 중요한 자인가에 대한 이의를 제기했다. 하나님께서는 자신들도 사용하셨다. 형제 자매인 자신들의 도움이 없었다면 오늘 모세가 어디에 서 있을 것인가라고 도전했다.

하나님께선 이러한 비방을 하나님과 모세와의 특별한 관계를 지적하심으로써 신속하고 확고하게 처리하셨다. 하나님께서는 환상으로 모세에게 접근하지 않으셨다. 대신 친구처럼 모세에게 얼굴과 얼굴을 마주 대하며 말씀하셨다. 비록 모세보다 위인 형제자매일지라도 하나님께서 모세에게 주신 권위에 이들이 감히 도전할 자격은 없다. 그 권위는 하나님께서 주셨기 때문이다.

아론과 미리암의 불순종의 결과는 무엇이었는가?

하나님께서 이스라엘 자손의 지도자로 지명한 모세를 비방한 미라암은 문둥병이 걸렸으며 백성의 행진이 그녀의 병이 고침을 받고 다시 안정될 때까지 지연되었다.

예화

미국의 한 기업 젊은 직원이 자기의 보스가 일을 잘못하고 있다고 생각하고 HCM (Human Capital Management) 담당자를 찾아갔다. 담당자는 그 이야기를 검토해 본후 문제의 장본인이 보스가 아니라 비판적인 젊은 직원이라는 결론을 내렸다. 그 젊은 직원은 자신에게 문제가 있다는 것은 전혀 생각지 않은 채 자기의 보스와 조직에 지극히 비판적인 태도만을 취하고 있었다. 젊은 직원은 HCM 담당자와 상담한 후 자신에게 문제가 있음을 발견했다. 여기에서 중요한 것은 잘못된 권위에 무조건 복종이나 순종을 해야 한다는 것이 아니다. 위의 예처럼 관계된 분야에 적절한 사람에게 자신의 불만에 대한 객관성을 성립하는 것이 더 중요하다. 자신의 동기와 불만이 주관적일 뿐 정당성이 없을 때는 보스의 권위를 존중해 주는 자세 또한 중요하다.

## 라. 고라, 다단, 아비람은 모세와 아론의 지도력에 대항하였다.

민수기 16:1-35 (성경을 찾아 읽으라)

고라, 다단, 아비람의 반항의 배후엔 무엇이 자리 잡고 있었는가?

질투심이 자리 잡고 있었다. 반대자들의 지도자들은 하나님이 선택한 지도자들의 권위를 거부함으로 스스로를 더욱 드러내려 했다. 사실상 그들은 하나님을 거부한 것이다.

고라, 다단, 아비람의 불순종의 결과를 학습장에 적게 하라.

고라, 다단, 아비람의 불순종의 결과들은 무엇이었는가? (적은 것을 발표하도록 하라)

그들은 모세와 아론의 지도력에 대항했으며 그들과 그들의 가족은 지진에 삼키운 바 되었다.

* 내용이 길어서 시간이 촉박할 때에는 이 다음 부분은 다음 시간에 해도 좋다. 진도를 마치는 것보다 충분히 토론하고 질문하고 서로의 의견을 주고받는 시간을 많이 가지라.

## 4 다윗의 권위에 대한 인식

사무엘상 16:1-13은 권위에 대해 무엇을 가르쳐 주는가?

### 가. 다윗은 사울이 아직 왕위에 있을 때 왕으로 기름 부음을 받았다.

사울은 이스라엘 백성의 첫 번째 왕이었으나 하나님께서 그를 거절하였고 예언자 사무엘을 보내어 다윗을 새로운 왕으로 기름 부었다. 그러나 사울은 여전히 왕위에 있었다. 다윗은 왕이 될 모든 권한을 가졌지만 그는 통치자로서 사울의 권위를 인정하였다.

## 나. 다음 성구들을 읽으라.

삼상 24:4-6 [4]다윗의 사람들이 이르되 보소서 여호와께서 당신에게 이르시기를 내가 원수를 네 손에 넘기리니 네 생각에 좋은 대로 그에게 행하라 하시더니 이것이 그 날이니이다 하니 다윗이 일어나서 사울의 겉옷 자락을 가만히 베니라 [5]그리 한 후에 사울의 옷자락 벰으로 말미암아 다윗의 마음이 찔려 [6]자기 사람들에게 이르되 내가 손을 들어 여호와의 기름 부음을 받은 내 주를 치는 것은 여호와께서 금하시는 것이니 그는 여호와의 기름 부음을 받은 자가 됨이니라 하고

삼상 26:7-9, 11 [7]다윗과 아비새가 밤에 그 백성에게 나아가 본즉 사울이 진영 가운데 누워 자고 창은 머리 곁 땅에 꽂혀 있고 아브넬과 백성들은 그를 둘러 누웠는지라 [8]아비새가 다윗에게 이르되 하나님이 오늘 당신의 원수를 당신의 손에 넘기셨나이다 그러므로 청하오니 내가 창으로 그를 찔러서 단번에 땅에 꽂게 하소서 내가 그를 두 번 찌를 것이 없으리이다 하니

[9]다윗이 아비새에게 이르되 죽이지 말라 누구든지 손을 들어 여호와의 기름 부음 받은 자를 치면 죄가 없겠느냐 하고

[11]내가 손을 들어 여호와의 기름 부음 받은 자를 치는 것을 여호와께서 금하시나니 너는 그의 머리 곁에 있는 창과 물병만 가지고 가자 하고

## 다. 다윗의 권위에 대한 인식에 대해 토론해 보라.

사울은 여러 번 다윗을 죽이려고 시도했다. 반면에 다윗은 사울의 생명을 취할 기회가 많이 있었지만 거절했다. 심지어 다윗과 그의 사람들이 숨어 있는 바로 그 동굴 깊은 곳으로 사울이 들어왔을 때에도 다윗은 자기를 죽이려고 하는 사람의 생명을 취할 것을 거절했다.

다윗이 왕으로 기름 부음을 받은 후 그는 오랫동안 시련 기간을 겪었다. 그는 악사로 사울의 궁전에 들어갔고 왕의 갑옷을 들고 다니는 일을 맡게 되었다. 사울이 다윗의 군사적 승리와 백성들로부터 얻은 인기에 질투하여 다윗을 죽이려고 했다. 그러나 다윗은 도망하여 자신에게 충성스런 사람들과 광야에서 도망자의 생활을 하였다.

사울을 한 개인으로 어떻게 생각했는지에 상관없이 다윗은 사울을 이스라엘의 왕으로서 하나님께로부터 주어진 그의 권위를 존중하였다. 문제를 자신의 손으로 해결하기보다는 다윗은 하나님께서 사울을 왕위에서 물러나게 하시고 자신을 왕의 자리에 보낼 때까지 기다렸다. 그는 후에 자신이 왕이 되었을 때 권위를 발휘할 수 있도록 스스로 권위에 복종하는 것을 배웠다.

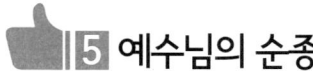

## 5 예수님의 순종

### 가. 빌립보서 2:5-11을 읽으라.

순장 중 한 명에게 아래의 성경 말씀을 읽게 하라.

빌 2:5-11 5너희 안에 이 마음을 품으라 곧 그리스도 예수의 마음이니 6그는 근본 하나님의 본
체시나 하나님과 동등됨을 취할 것으로 여기지 아니하시고 7오히려 자기를 비워 종의 형체를
가지사 사람들과 같이 되셨고 8사람의 모양으로 나타나사 자기를 낮추시고 죽기까지 복종하
셨으니 곧 십자가에 죽으심이라 9이러므로 하나님이 그를 지극히 높여 모든 이름 위에 뛰어난
이름을 주사 10하늘에 있는 자들과 땅에 있는 자들과 땅 아래에 있는 자들로 모든 무릎을 예수
의 이름에 꿇게 하시고 11모든 입으로 예수 그리스도를 주라 시인하여 하나님 아버지께 영광
을 돌리게 하셨느니라

위의 구절에 의하면 예수님은 어떻게 하셨는가?

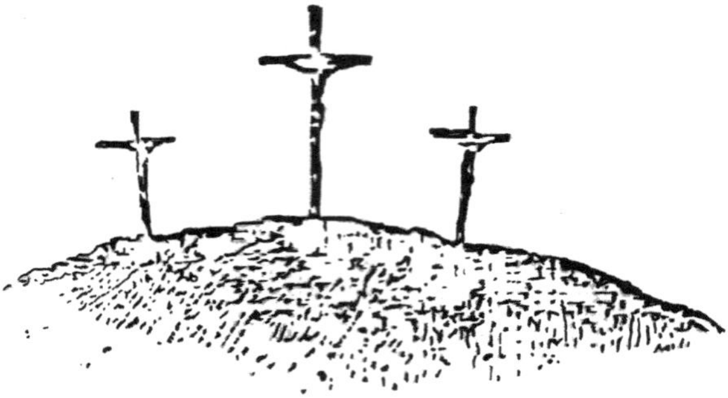

예수님은 삼위일체의 하나님 중 제2위이시며 하나님께 부여된 모든 영광, 명예, 특권을 가지고 계신 분이다. 그러나 그는 기꺼이 하나님 아버지께 순종할 것을 선택하셨다. 그는 하나님으로서의 특권을 잠시 동안 버리시고 순종과 겸손의 삶을 살기 위해 인간의 모습을 취하셨다. 또한 하나님 아버지의 권위에 순종하여 죄인 중 하나로서 멸시를 당하는 죽음에 자신을 기꺼이 내어 주셨다.

권위 에 대한 순종 의 으뜸가는 모범은 바로 예수 그리스도이시다.

## 나. 요한복음 8:28-29을 읽으라.

요 8:28-29 28이에 예수께서 이르시되 너희가 인자를 든 후에 내가 그인 줄을 알고 또 내가 스
스로 아무 것도 하지 아니하고 오직 아버지께서 가르치신 대로 이런 것을 말하는 줄도 알리라
29나를 보내신 이가 나와 함께 하시도다 나는 항상 그가 기뻐하시는 일을 행하므로 나를 혼자
두지 아니하셨느니라

참고: '인자를 든다'는 것은 십자가를 가리킨다. 십자가를 지신 후에야 예수님이 메시아인 줄 알 것이다.
예수님은 하나님께서 가르치신 대로 가르치셨다(28절).
사람들은 예수님을 버릴 것이지만 하나님은 결코 예수님을 혼자 버려두지 않으신다. 즉 버리시지 않으시고 항상 함께 하신다.
그 이유는 예수님이 항상 하나님께서 기뻐하시는 일을 하시기 때문이다(29절).
예수님은 지상에 계실 때에 스스로는 아무것도 행하거나 말하지 않으셨다.

1) 위의 말씀에 따르면 예수님은 지상에 계실 때에 어떻게 하셨는가?

2) 하나님의 아들이 스스로 무엇을 하기보다는 하나님 아버지께 순종 할진대 하물며 우리 믿는 자들은 얼마나 더 순종해야 할까!

3) 순종의 비결은 권위를 가진 자가 원하고 기뻐하는 바를 행하는 것이다.

여기서 한 가지 분명히 해야 할 것은 '권위'와 '권위주의'는 구분되어야 한다는 것이다. 권위주의적인 사람은 권위를 잘못 오용, 악용하는 사람이다. 권위주의는 권력이나 지위를 가지고 상대방을 통제, 억압하는 도구로 사용하며 상대방을 인정해 주지 않는 것을 말한다. 권위주위는 모든 것이 하향식이다. 이것은 잘못된 것이므로 분별해야 한다. 또한 권위에 순종은 존중함으로, 자원함으로 해야 하는 것이 핵심이지 억지로 부담스럽게 징계가 두려워 의무감으로 하는 것이 아님을 기억하야 한다.

하나님의 아들이신 예수 그리스도는 오직 하나님 아버지께서 원하시고 그를 기쁘게 해드리는 일만 하셨다. 이와 같이 우리가 권위자에게 복종할 때(하나님께든, 하나님께서 우리에게 세워주신 권위자이든 간에) 우리의 목적은 그 권위를 가진 자가 원하고 기뻐하는 대로 행하는 것이어야 한다.

## 다. 히브리서 5:7-10을 읽으라.

히 5:7-10 [7]그는 육체에 계실 때에 자기를 죽음에서 능히 구원하실 이에게 심한 통곡과 눈물로 간구와 소원을 올렸고 그의 경건하심으로 말미암아 들으심을 얻었느니라

→ 예수님의 심한 통곡과 눈물은 십자가를 가리킨다. 이러한 십자가의 순종으로 말미암아('경건하심으로 말미암아') 예수님의 기도는 응답되어 부활하시게 된다.

[8]그가 아들이시면서도 받으신 고난으로 순종함을 배워서

→ 이것은 우리 모두에게 교훈이 된다. 예수님은 하나님의 아들이시면서도 고통을 수반한 진정한 의미에서의 순종의 본을 보여주셨다.

[9]온전하게 되셨은즉 자기에게 순종하는 모든 자에게 영원한 구원의 근원이 되시고

→ 그 결과 예수님은 맡겨진 역할을 잘 수행하셔서 온전하게 되셨다. 모든 자를 구원하실 근원이 되셨다.

[10]하나님께 멜기세덱의 반차를 따른 대제사장이라 칭하심을 받으셨느니라

→ 예수님을 가리켜 한 말씀. 멜기세덱의 반차는 레위의 반차보다 우위에 있다는 의미이다. 레위인들의 조상인 아브라함이 살렘왕 멜기세덱을 만났을 때 그를 하나님의 제사장으로 인정하여 아브람은 멜기세댁에게 전리품의 십분의 일을 바친다. 마치 이스라엘 백성이 레위인들에게 십일조를 준 것처럼 아브라함은 멜기세댁에게 십일조를 드렸다. 그러므로 멜기세덱이 서열상 레위인보다 우위이다. 예수님은 레위의 반차가 아닌 훨씬 우월한 멜기세액의 서열을 따랐음을 히브리서는 말한다.

### 1) 예수님은 어떻게 순종하셨는가?

하나님은 종종 우리가 좀 더 주님을 닮고 우리에게 순종을 가르치시기 위해 우리에게 고난을 허락하신다. 우리가 겪는 고난은 우리의 죄를 대속하신 주님의 것에 결코 비할 수 없다. 그러나 하나님께 대한 순종은 우리의 자존심, 안락, 재산의 희생을 때로 요구한다. 그것은 고통스럽고 심지어 위협적일 수도 있다.

2) 예수님은 고난을 통해 순종을 배우셨다.

## 6 실천 사항

당신의 일상생활에서 현재 당신에게 권위를 행사하고 있는 사람들과의 인간관계를 평가해 보라. 당신은 당신에게 권위를 행사하는 자가 기뻐하고 원하는 바를 행하고 있는가? 당신에게 적용되는 관계에 대해 각각 항목을 쓰고 (당신에게 해당되지 않는 항목은 생략하라) 부모, 남편, 고용주, 책임자, 교수, 교통법규, 간사님, 교사, 순장 등의 권위에 복종하는 당신의 태도와 행동을 서술해 보라. 어떤 부분이 향상되어야 하는가?

평가하는 시간을 얼마간 준 후에 그 결과를 나누는 시간을 가지라.

# 즉석퀴즈

이름 : ______________________ 점수 : ________________ (100 점만점)

## 권위와 순종의 의미 발견하기

1. 모든 권위의 근원이 누구인가를 말하고 구체적인 성구를 인용하여 성경으로부터 어떻게 이 사실을 알 수 있는지를 설명하라.(25점)

하나님이 모든 권위의 근원이시다. 로마서 13:1~7은 모든 세상 권세가 하나님으로부터 나온다고 가르치고 있다.

이 문제는 다소 개방적인 질문이다. 꼭 답이 정해진 것은 아니다.

2. 만약 우리에게 전혀 권위가 없다면 어떠한 결과들이 초래하게 되는지 다섯 가지를 말하라. (각각 5점씩, 25점)

사람들이 처벌됨이 없이 계속 범죄할 수 있다.

교통법규가 없다면 교통사고가 더 많이 날 것이다.

강자가 약자를 노예로 삼을 수 있다.

만약 고용주가 노동법규를 강화할 수 없다면 적은 분량의 일밖에 해 낼 수 없게 될 것이다.

사람들이 보상하지 않으면서 당신의 재산을 파손시킬 수 있을 것이다.

3. 성경 속 인물들은 각기 어떤 식으로 하나님께 불순종하였으며 각각 그 결과는 어떠했는가? (각 6점씩, 24점)

아담과 하와 - 그들은 하나님 대신 사탄의 말을 듣고 하나님이 먹지 말라고 한 과실을 따 먹었다. 그들은 수치를 경험하였고 에덴동산에서 추방되었다. 그들의 불순종은 인류 전체에게 죄의 본성을 전하는 영향을 끼쳤다.

아론과 미리암 - 그들은 하나님께서 이스라엘 자손의 지도자로 지명한 모세를 비방하였다. 미리암은 문둥병이 걸렸으며 백성들의 행진이 그녀의 병이 고침을 받고 다시 인정될 때까지 지연되었다.

고라, 다단, 아비람 - 그들은 모세와 아론의 지도력에 대항했으며 그들과 그들의 가족은 지진에 삼켜져 땅 속에 파묻혀 죽었다.

4. 예수님은 하나님 아버지의 권위에 어떻게 복종하셨으며 우리는 권위에 복종하는 데 있어서 어떻게 예수님을 닮을 수 있나?(26점)

예수님은 어떤 일도 스스로 하지 않으셨으며 오로지 아버지가 원하시는 일만 하셨다. 그는 겸손하였고 그를 욕하고 멸시하는 세상의 권세와 부정에도 불구하고 복종하셨다. 하나님은 우리가 그의 아들 예수님처럼 되기를 원하시므로 우리는 예수님이 보이신 모범을 따라 권위에 복종해야 한다. 우리는 우리 자신의 뜻이 아니라 하나님의 뜻대로 행해야 한다.

순원들에게 시험지를 바꾸든가 혹은 자신들의 시험지를 고치도록 시각자료를 사용하도록 하라.
총점을 계산하고 그 점수를 시험지 맨 꼭대기에 기록하도록 하라. 고칠 시간을 훈련생들에게 주라.

# 좋은 질문하기

## How to Ask Good Questions

– 개 관 목 적 –

좋은 질문 하는 것의 중요성을 알고 스스로 좋은 질문을 개발하는 것을 배운다.

## 학 습 목 표

이 강의가 끝날 때 당신은,

1. 좋은 질문의 8가지 목적을 말할 수 있다.
2. 네 가지 질문 유형을 정의하고 그 예들을 말할 수 있다.
3. 순모임에서 토의를 이끌 때 질문의 중요성과 가치를 설명할 수 있다.

**일반적 준비**

( ) 인도자용 지침과 순원 교재를 충분히 연구하라.

( ) 인도자용 지침서의 왼쪽 여백에 순원 교재의 실제 페이지를 적어 놓으라.

**구체적 준비**

( ) 연습할 때 구별할 수 있도록 여러 가지 질문 유형들에 익숙해지라.

( ) 실천사항에서 요구되는 질문 유형의 예를 적으라.

**기도로 시작하라.**

〈연습〉

다음과 같이 말하라.

"오늘 우리는 좋은 질문하는 것의 중요성에 관해 토의하겠습니다. 순장으로서 어떻게 효과적으로 질문을 사용할 수 있는가를 보겠습니다. 여러분이 좋은 질문을 얼마나 잘 하는지 보겠습니다."

옆 사람과 마주하고 당신의 짝에 관해 할 수 있는 한 많이 알기 위해 질문을 하라.

4분 후에 토의를 멈추라.

질문 : "여러분의 짝에게서 정말 흥미 있는 어떤 것들을 발견하셨습니까? 그렇다면 함께 그것들을 이야기해 봅시다."

몇몇 순원들이 발견한 것을 이야기 한 후 말하라. "좋습니다. 여러분 중 어떤 분들은 좋은 질문하는데 잘 숙련되어 있습니다. 오늘 우리는 그 기술을 더 개발하게 되기를 바랍니다."

(순원의 숫자가 많지 않을 경우 순장과 순원 둘이서 하면 된다).

**학습목표를 읽게 하라.**

# 1 서론

## 가. 질문의 중요성

질문은 토의에 있어서 가장 영향력 있는 것 중의 하나이다.

질문은 토의를 자극하고 깊게 하거나 그것의 방향을 급진적으로 바꿀 수 있다.

질문이 순 전체를 인도하고 자극한다는 것이 중요하다.

## 나. 그리스도의 모범

막 8:27-29 [27]예수와 제자들이 빌립보 가이사랴 여러 마을로 나가실새 길에서 제자들에게 물어 이르시되 사람들이 나를 누구라고 하느냐 [28]제자들이 여짜와 이르되 세례 요한이라 하고 더러는 엘리야, 더러는 선지자 중의 하나라 하나이다 [29]또 물으시되 너희는 나를 누구라 하느냐 베드로가 대답하여 이르되 주는 그리스도시니이다 하매

예수님은 좋은 질문하는데 있어서도 좋은 선생님이셨다.
어떻게 제자들과 이야기 하셨는가 한 예를 들어 보라.

예수님은 "사람들이 나를 누구라 하느냐?"와 "그러면 너희는 나를 누구라 하느냐?" 하는 질문을 효과적으로 하셨다. 이것은 제자들이 주님의 신분에 관한 결론에 이르는데 도움을 주었다. 예수님은 끊임없이 그의 사역에서 질문을 사용하셨다.

## 2 좋은 질문의 목적

좋은 질문의 목적은 무엇인가?

예 : 주의 집중, 사고를 개발시킴, 동기유발, 참여 등

가. 흥미 를 유발한다.
나. 순원들의 참여 를 촉진시킨다.
다. 순원이 얻은 지식을 점검 한다.
라. 학습과정에 기여한다.
마. 순을 원 주제로 돌아가게 한다.
바. 결론 에 도달하게 한다.
사. 확신을 갖게 한다.
아. 삶을 변화시키도록 성경적인 지식 을 적용하게 한다.

좋은 질문은 순장이 순원들을 결론에 도달하게 하고 그 결론을 확신하고 적용할 수 있도록 순원들을 인도하는 분위기를 조성하는데 매우 유용하다.

좋은 질문의 중요한 목적을 보았는데 이제는 가치 있는 네 가지 질문 유형을 살펴보자. 이 질문들은 Billy Graham의 '지도자 훈련과 성경토론 그룹을 위한 지침'에서 발췌한 것이다.
순장의 효율성은 이러한 유형의 질문들을 올바로 사용하는 것에 크게 좌우 된다.
이 질문들은 어떤 특정 상황과 경우에 모두 중요하고 유용한 것이다.

## 3 네 가지 질문 유형

### 가. 유도형 질문

1) 정의 : 유도형 질문은 교사가 기대하는 답을 포함한다 .

순장은 생각과 토의를 자극하기 보다는 자신의 의견을 주장한다.

2) 실례
"바울은 우리에게 항상 기뻐하라고 합니다. 그렇지 않습니까?"
"예"

"확실히 여러분은 그것을 믿지 않습니다. 그렇죠?"
"예"(믿지 않습니다)

첫 번째 질문인 "그렇지 않습니까?"에는 순장의 기대가 이미 포함되어 있다. 두 번째도 동일하게 순장이 원하는 답을 얻어낼 수 있다.

3) 토의 인도에서의 가치

전혀 없다 : 유도형 질문은 생각을 자극하지도 영향을 주지도 않는다.
그것은 토의를 약화시킨다.

강의나 두 사람사이의 토의 같은 경우에는 유용할 수 있으나 순별 토의에서는 유도형 질문은 피해야 한다.

## 나. 제한형 질문

1) 정의 : 제한형 질문은 순장에 의해 요구되는 생각이나 특별한 항목에 순원의 생각을 제한한다.

2) 실례

"이 장에서 세 가지 중요한 사실은 무엇입니까?"

순원들은 자신이 생각하는 것이 아니라 당신이 생각하는 것을 찾게 된다.

이장에서 얻을 답은 당신이 생각하는 그것을 순원이 생각하게 하는 형태이다.

3) 토의 인도에서의 가치 : 전혀 없다

당신이 마음속에 정확한 답을 가지고 있다는 것을 모든 사람이 알고 있다. 토의를 격려하는 대신 당신은 독심술 시합을 시작하는 셈이다. 이런 제한형 질문보다는 "이 장에서 당신이 발견한 중요한 사실은 어떤 것입니까?" 라고 묻는 것이 더 나을 것이다. 그렇게 되면 그것은 개방형 질문이다.

4) 예외

"그것에 동의하는가?"

"예" 혹은 "아니오"

5) 예외에 대한 토의 인도에서의 가치 : 약간 있다

제한형 질문은 결정을 요구한다. 그러나 약간의 가치를 가진다 할지라도 당신이 더 토의를 격려하려면 이 질문은 개방형이나 확대 개방형 질문 뒤에 해야 한다.

## 다. 개방형 질문

1) 정의 : 개방형 질문은 원인, 이유, 장소, 조건, 결과 등 감정을 제한하지 않고 탐구하는 대답을 요구한다.

개방형 질문은 '누가, 언제, 어디서, 왜, 어떻게'와 같은 의문대명사를 효과적으로 사용할 수 있지만 '무엇을' 이라는 질문으로 보통 시작한다.

2) 실례

"이것을 우리 생활에 적용하는 방법에는 무엇이 있는가?"
각자 생각하는 다양한 적용들을 나누게 된다.

"성령충만한 결과에는 무엇이 있는가?"
결과들을 나누게 된다.

"바울의 제자에는 누가 있었는가?"
제자들의 명단을 이야기한다.

"예수님께서 기도하신 때는 언제였습니까?"
시간들에 대해 각자 아는 바를 토론한다.

"경건의 시간을 갖기 좋은 장소는 어디입니까?"
장소들에 대해 나눈다.

위의 질문들은 당신이 찾으려는 몇 개의 가능한 답을 포함하도록 복수형으로 되어 있음을 발견할 것이다. 이러한 질문은 순원들을 제한하기보다는 생각을 북돋워 준다.

질문: "바울의 수제자는 누구였습니까?"
이것은 어떠한 형태의 질문인가? 제한형 질문

이 질문을 개방형 질문으로 바꾸어 보라 :

"바울의 제자는 누구였습니까?" "그 중에서 바울과 가장 친밀하게 일했던 제자가 있다면 누구이며 왜 그렇게 생각하나요?"

이렇게 자유롭게 발견할 수 있는 환경에서 새로운 사실과 통찰을 얻는 것은 사람들에게 더 효과적인 학습을 하게 한다.

3) 토의 인도에서의 가치 : 크다
개방형 질문은 발견, 이해 혹은 적용을 격려한다. 이런 유형의 질문을 함으로 당신이 찾고자 하는 답이 여러 개일 수도 있다는 것을 암시한다. 따라서 자유로운 발견을 허용하는 것이다.

## 라. 확대개방형 질문

1) 정의 : 확대개방형 질문은 모임의 한사람이 질문에 답하거나 자신의 의견 을 말한 후에 나머지 순원으로 토의하게 한다.

확대개방형 질문은 개방형 질문 직후 매우 잘 사용된다.

2) 실례

"그것에 관해 어떻게 생각하는가?"
"다른 분들은 어떻게 생각하는가?"
"그밖에 다른 사람은 어떻게 생각하는가?"
"또 다른 의견은?"

3) 토의 인도에서의 가치 : 매우 크다

확대개방형 질문은 생각과 토의를 격려한다. 그것은 개방형 질문의 답이 있은 직후 가장 잘 사용된다.

어떻게 서로 개방형, 확대개방형 질문을 하는가를 설명하기 위해 성경에서 빌립보서 4:5을 보자

빌 4:5 너희 관용을 모든 사람에게 알게 하라 주께서 가까우시니라

참고: '관용'은 상황에 관계된 내적 자질, 온유, 보복하지 않는 정신 등을 말한다. 이런 것은 쉽게 드러나지 않는다. 그러나 성경에서는 이러한 관용을 다른 사람이 알도록 상황이 발생할 때에 온유함과 겸손함과 용서함으로 반응하라고 가르친다. 이유는 주님께서 곧 오실 것이기 때문이다.

개방형 질문을 만들어 보라 :

"당신이 생각할 수 있는 '관용을 갖는 것'의 의미는 무엇입니까?"

확대개방형 질문을 만들어 보라 :

"다른 분들은 어떻게 생각하십니까?"

## 4 실천사항 : 로마서 12:1-2을 읽고 다음의 질문유형들을 개발하라.

1) 제한형 질문 하나
2) 개방형 질문 두 개
3) 확대개방형 질문 두 개

제한형 질문

개방형 질문

1.

2

확대개방형 질문

1.

2.

워크숍을 완성하는데 10분을 주라.
그리고 그들이 작성한 질문들을 말하게 하라.
필요하면 정정하라.

기도로 마쳐라.

# 자기점검

1. 네 가지 질문 유형과 토의 인도에서의 각각 유형에서의 가치를 기록하라.

ㄱ. 유도형 - 전혀 없음

ㄴ. 제한형 - 전혀 없음에서 약간까지

ㄷ. 개방형 - 크다

ㄹ. 확대 개방형 - 매우 크다

옳은 것에 0표하라.

2. 유도형 질문은 강의 / 토의 에서 가장 유용하다. (답 : 강의)

3. 맞음 / 틀림 : 확대개방형 질문은 개방형 질문이나 강한 의견 다음에 매우 잘 사용된다.
(답 : 맞음)

4. 맞음 / 틀림 : 다음은 개방형 질문의 예이다 : “하나님께서 가인의 제물을 열납하지 않으신 이유는 무엇인가?”
(답 : 맞음)

정정할 시간을 주어라.

# 5과

# 화목의 통로

**- 개 관 목 적 -**

**그리스도의 대사라는 영적 관점을 가지게 함으로써 화목하게 하는 직책을 실행하도록 동기부여한다.**

## 학 습 목 표

이 강의가 끝날 때 당신은,

1. 사람들에 대한 바울의 관점을 설명할 수 있다.
2. 영적 관점을 가짐으로써 우리의 삶에 영향을 끼치는 몇 가지의 길을 열거할 수 있다.
3. 그리스도의 대사로서 화목하게 하는 직책을 가진다는 것의 의미를 설명할 수 있다.

## 〈 준비 〉

### 개인 점검

(1) 당신이 집중할 수 있는 30분 이상의 시간을 충분히 확보하라.

(2) 고린도후서 5:1-21을 공부할 것이다. 고린도후서의 말씀을 공부하는 동안 하나님이 당신에게 영적 관점을 주시도록 기도로 시작하라.

(3) 대사와 화목하게 하는 직책의 정의를 이해할 수 있도록 공부하라

(4) 교재의 모든 문제를 익히고, 그리스도를 개인의 구주와 주님으로 영접한 사람들의 체험뿐만 아니라 그리스도의 대사로서의 당신의 체험을 순원들에게 이야기할 수 있도록 준비하라.

### 고린도후서 소개

바울이 마게도냐에서 AD 56년경 고린도에 있는 교회에 보낸 편지이다. 처음 일곱 장에서 바울은 그의 삶과 사역에 대해 변호한다. 바울은 몇몇 형제들의 비난으로 인해 그의 삶이 위협 당했을 때에도 그리스도를 전하도록 부르심을 입은 그의 형제들에게 교훈과 영감을 주었다.

고린도후서 5장은 이 세상에 사는 동안 영적 관점을 가지도록 우리에게 도전을 준다. 즉, 복음이 화목의 소식이라는 것을 우리들에게 깨우쳐 줌으로써 그리스도의 대사로서 적극적으로 참여하도록 도전을 준다.

한 사람의 삶이 다른 사람들에게 어떻게 영향을 미칠 수 있는가를 깨닫는 것보다 더 중요한 일은 없다.

순원들로 하여금 지난주에 어떤 일들이 있었는지 서로 나누는 따뜻한 시간을 가지라. 하나님께서 모임을 인도하시도록 간단한 기도로 성경 공부를 시작하라.

# 1 한 의사와 그의 조수 이야기

수백만 명의 목숨을 빼앗아 간 전염병의 치료법을 발견하기 위해 전 생애를 바친 의사가 있었다. 다른 많은 사람들도 그 치료법을 알기 위해 연구했으나 이 의사는 그들과는 아주 다른 방법을 사용했다. 그들은 자주 이 의사와 그의 특이한 연구 방법을 비웃곤 했다. 마침내 그의 말년에 그는 치료법을 발견하게 되었다! 그러나 이 특이하고도 단순한 방법이 실제적인 치료법임을 사람들에게 납득시켜야 하는 과업이 남아 있었다. 하지만 그에게는 그 일을 감당할 만한 시간과 힘이 없었다. 이 늙은 의사는 그의 젊은 조수에게 "자네가 이 큰 임무를 수행해야 할 유일한 사람이네."라고 말해주었다. 그 외에는 아무도 없었다. 젊은 조수는 이 임무에 대한 큰 특권과 두려운 책임감으로 압도되었다.

아래 질문들에 대해 토의하라.
순원들이 질문에 대해 충분히 토의하도록 모임을 인도하라. 급히 답을 주려고 하지 말라. 순원들의 답을 존중하라. 필요하다면 제시된 답을 나누라. 각 질문을 토의한 후에는 순원들의 대답을 요약하고 그들의 교재에 결론을 적도록 격려하라.

가. 이 임무가 젊은 조수에게 그와 같이 큰 특권이 된 이유는 무엇인가?

그는 다른 사람들처럼 그 치료법을 발견하기 위해 자신의 시간과 에너지를 다 쏟아 연구하지 않았고 또한 충분한 지식을 갖추지 못했지만, 그 치료법를 세상에 알려 수백만 명의 생명을 구할 수 있기 때문이다.

나. 젊은 조수가 이 임무에 대해 두려운 책임감을 갖게 된 이유는 무엇인가?

그가 이 분야에서 많은 학설과 경험이 풍부한 사람들에게 이 치료법에 대해 확신시키는 임무를 수행해 내지 못한다면 이 치료법이 사용되지 못하여 많은 사람이 죽게 되며, 또 자신에게 위탁한 이 늙은 의사의 전 생애의 성업이 허사르 돌아갈 것이기 때문이다.

다. 이 이야기가 그리스도인의 삶에 어떻게 적용되겠는가?

그리스도인으로서 우리는 이 젊은 조수와 유사한 형태의 특권과 책임을 가진다. 그러나 우리의 책임과 특권은 더 두려운 것이다. 왜냐하면 우리 또한 아무런 노력도 하지 않았지만 복음을 받아들이는 사람들에게 영원한 생명을 주는, 영적인 죽음에 대한 유일한 치료법을 가지고 있기 때문이다. 가끔 우리는 우리에게 맡겨진 이 복음을 전하기 위해 세상 사람들이 원하는 것과는 반대의 길로 가야 할 때도 있을 것이다. 그러나 그 대가는 우리에게나 구원 받는 사람들에게나 대단히 큰 것이다.

명료하게 하는 질문:
1) 이것 외에 그리스도인이 받은 또 다른 책임과 특권은 무엇인가?
2) 의사와 조수는 각각 누구에게 비유할 수 있는가?

## 2 바울의 영적 관점

고린도후서는 AD 56년경 바울이 고린도 교회에 보낸 편지이다. 처음 일곱 장에서 바울은 그리스도의 충성스러운 종이 되도록 믿는 자들을 권고하고 있으며, 개인 사역에 대한 생각들도 기록하고 있다. 고린도후서 5장은 특별히 다른 사람에게 그리스도를 나타내는 것에 대해 그가 가진 영적 관점을 다루고 있다.

바울이 자신에게 맡겨진 두려운 일들에 대해 가졌던 관점을 살펴보자.

관찰/해석
순원 한 사람에게 이 성경 구절을 천천히 읽게 하라.(주어진 참고자료를 이용하여 말씀에 대한 이해를 도우라. 그렇지 않으면 상당히 이해하기 어려운 구절들이다.) 다음 문제들을 토의하라.

고후 5:1-10

1만일 땅에 있는 우리의 장막 집이 무너지면 하나님께서 지으신 집 곧 손으로 지은 것이 아니요 하늘에 있는 영원한 집이 우리에게 있는 줄 아느니라

→ 고후 5장은 4:16-18을 배경으로 한다. 우리의 장막집은 이 지상에서의 육체를 가리킨다. '하늘의 장막집'은 부활한 몸을 가리킨다.

2참으로 우리가 여기 있어 탄식하며 하늘로부터 오는 우리 처소로 덧입기를 간절히 사모하노라

→ 바울은 지금은 탄식하지만 언젠가는 하늘로부터 오는 처소로 인해 탄식이 없어지기를 바란다.

3이렇게 입음은 우리가 벗은 자들로 발견되지 않으려 함이라

→ 바울에게 현재의 육체는 벗은 자와 같다.

4참으로 이 장막에 있는 우리가 짐진 것 같이 탄식하는 것은 벗고자 함이 아니요 오히려 덧입고자 함이니 죽을 것이 생명에 삼킨 바 되게 하려 함이라

→ 벗은 것은 현재의 육체요 죽을 육체이다. 반면 덧입고자 함은 천국의 육체요 생명의 육체이며 영원한 육체이다. 즉, 죽어도 영원한 생명을 얻게 되는 희망을 바라고 있다.

5곧 이것을 우리에게 이루게 하시고 보증으로 성령을 우리에게 주신 이는 하나님이시니라
→ 이러한 영원함을 보증하시는 분은 성령님이시다. 성령을 우리에게 주신 분은 하나님이시다.

6그러므로 우리가 항상 담대하여 몸으로 있을 때에는 주와 따로 있는 줄을 아노니
→ 몸으로 이 지상에 있을 때는 주님과 따로 떨어져 있는 것이다.

7이는 우리가 믿음으로 행하고 보는 것으로 행하지 아니함이로라
→ 이런 지상의 상태로 사는 것도 믿음으로 사는 것이다. 보는 것으로 사는 것이 아니다.

8우리가 담대하여 원하는 바는 차라리 몸을 떠나 주와 함께 있는 그것이라
→ 바울이 원한 것은 이 지상의 몸을 떠나 주와 함께 있는 것이다.

9그런즉 우리는 몸으로 있든지 떠나든지 주를 기쁘시게 하는 자가 되기를 힘쓰노라
→ 지상에 있든지 천국에 가든지 바울의 동기는 주를 기쁘시게 하는 자가 되는 것이다.

10이는 우리가 다 반드시 그리스도의 심판대 앞에 나타나게 되어 각각 선악간에 그 몸으로 행한 것을 따라 받으려 함이라
→ 그리스도 심판대 앞에서 우리는 지상에 있을 때 선악간(잘한 것이든 못한 것이든) 몸으로 행한 것을 평가받게 될 것이다. 이것은 구원의 문제가 아닌 구원 이후에 우리가 행한 것에 대한 평가를 말한다. 이것 때문에 바울은 어려움을 견딜 수 있었다.

## 가. 고린도후서 5:1-10에 나타난 대로 바울이 절실하게 소원했던 것은 무엇인가?

바울은 몸으로 행한 모든 것이 그리스도의 심판대 앞에서 드러날 것임을 알았기 때문에 모든 일에 주님을 기쁘시게 하는 삶을 살고 싶어 했다. 그의 생각들은 영원에 직결되었으며 그는 하늘의 집을 사모하였다.

## 나. 바울이 이러한 소원을 성취하기 위해 계획한 것들은 무엇인가?

그는 담대히 살기를 소원했고, 그는 하나님만을 기쁘시게 하기를 소원했다.

명료하게 하는 질문:
(1) 또 다른 생각은 없는가?
(2) 바울은 어떠한 삶을 살았는가?

바울의 절실한 소원은 그가 가졌던 영적 관점에 의해 지배되었던 것이 분명하다. 그러면 이것이 다른 사람들에 대한 그의 관점에는 어떠한 영향을 미쳤는지 살펴보자.

## 3 사람들에 대한 바울의 관점과 그 결과

고후 5:11~17

[11]우리는 주의 두려우심을 알므로 사람들을 권면하거니와 우리가 하나님 앞에 알리어졌으니 또 너희의 양심에도 알리어지기를 바라노라

→ 언젠가 심판대 앞에 선다는 것을 아는 바울은 그것을 두려워한다. 주님은 심판도 하시는 두려운 분임을 우리도 알아야 한다. 그러기에 사람들을 권면하는 사역을 하는 것이다. 바울의 동기의 순수함은 하나님이 아시지만(하나님 앞에 알려졌지만), 바울은 고린도 교인들에게도 자신의 동기가 순수함이 알려지기를 원한다. 그 이유는 복음이 전달되어야 하기 때문이다.

[12]우리가 다시 너희에게 자천하는 것이 아니요 오직 우리로 말미암아 자랑할 기회를 너희에게 주어 마음으로 하지 않고 외모로 자랑하는 자들에게 대답하게 하려 하는 것이라

→ 바울의 반대파들은 외모로 자랑하는 자들이다. 바울은 스스로 자랑(자천) 하는 것이 목적이 아니라 진정한 마음으로 그들에게 했음을 알리고자 하는 것이다. 바울의 반대파들은 마음으로 하지 않았다. 그런 자들에게 바울의 순수함을 알리기를 원한다.

[13]우리가 만일 미쳤어도 하나님을 위한 것이요 정신이 온전하여도 너희를 위한 것이니

→ 바울은 미쳤어도 그것은 하나님을 위한 것이고 고린도 교인들을 위한 것임을 말한다. 그것이 바울의 진실한 심정이다.

[14]그리스도의 사랑이 우리를 강권하시는도다 우리가 생각하건대 한 사람이 모든 사람을 대신하여 죽었은즉 모든 사람이 죽은 것이라

→ 바울이 13절처럼 사는 이유는 예수님도 그렇게 사셨기 때문이다.

[15]그가 모든 사람을 대신하여 죽으심은 살아 있는 자들로 하여금 다시는 그들 자신을 위하여 살지 않고 오직 그들을 대신하여 죽었다가 다시 살아나신 이를 위하여 살게 하려 함이라

→ 예수님이 이렇게 하신 이유는 누구도 더 이상 자신만을 위해 이기적으로 살지 않고 주님을 위해 살게 하기 위함이다.

[16]그러므로 우리가 이제부터는 어떤 사람도 육신을 따라 알지 아니하노라 비록 우리가 그리스도도 육신을 따라 알았으나 이제부터는 그같이 알지 아니하노라

→ 과거에 바울은 그리스도를 세상적인 관점으로 알고 박해했었다. 그러나 이제부터는 아니다.

[17]그런즉 누구든지 그리스도 안에 있으면 새로운 피조물이라 이전 것은 지나갔으니 보라 새 것이 되었도다

→ 그러므로 우리는 이제 새로운 피조물이다. 우리는 그리스도와 함께 죽었다.

가. 모든 사람들이 결국은 하나님 앞에 알려질 것(심판대에 서는 것)이라는 바울의 믿음은 그의 행동에 어떤 영향을 미쳤는가? (11절)

바울은 그의 믿음을 다른 사람들에게 전하여 사람들이 그리스도를 그들의 구주와 주님으로 믿도록 설득했다. 왜냐면 그들도 하나님 앞에 설 것이기 때문이다.

나. 이 구절에서 바울에게 행동하도록 동기를 준 다른 것들은 무엇인가?

주님의 심판과 사랑, 그리고 그리스도의 죽음과 부활을 통해 새로운 삶을 살게 된 것

다. 이러한 영적 관점은 사람들에 대한 바울의 생각에 어떠한 영향을 주었는가?

그는 잠정적인 이 세상의 지위와 상관없이 모든 사람들을 영적인 관점으로 보았을 뿐 아니라 그들이 하나님과 함께 하는 영적 지위를 갖게 하려고 했다. 그는 결코 사람들의 외모나 지위에 의해 위축되지 않았다.

명료하게 하는 질문:

1) 다른 사람에 대한 바울의 관점에 관해 16, 17절은 우리에게 어떤 근거를 제시해 주는가?
2) 16절에서의 "우리가 이제부터는 어떤 사람도 육신을 따라 알지 아니하노라"의 의미는 무엇인가? → 세상적인 관점으로 보지 않겠다는 것을 의미한다. 그들은 구원이 필요한 자들이다.

라. 사람들에 대해 우리가 영적 관점을 가지지 않는다면 우리의 삶은 어떠한 영향을 받게 되는가?

만일 우리가 영적 관점을 가지지 않는다면 삶의 변화를 위해 예수 그리스도의 능력을 필요로 하지 않는 사람들에게서 볼 수 있는 삶의 형태들, 즉 세상적인 지위, 성공, 행복 등에 쉽사리 취해 버리는 실수를 저지를 수 있다. 또한 우리가 아무 것도 가지지 못한 것처럼 쉽게 위축당하고 불안을 느낄 수 있다.

가교:
바울이 사람들에 대해 가졌던 관점에 비추어서 이제 우리 자신의 생활 방식을 암시하는 사역에 대한 그의 관점을 알아보자.

## 4 사람들에 대한 바울의 관점과 그 결과

고후 5:18-21

18모든 것이 하나님께로서 났으며 그가 그리스도로 말미암아 우리를 자기와 화목하게 하시고
또 우리에게 화목하게 하는 직분을 주셨으니

→ 모든 것은 하나님께서 주도하셨고 그리스도를 통해 하나님과 우리 사이를 화목하게 하셨다. 그 화목하게 하는 직책을 우리에게 주셨다.

19곧 하나님께서 그리스도 안에 계시사 세상을 자기와 화목하게 하시며 그들의 죄를 그들에게
돌리지 아니하시고 화목하게 하는 말씀을 우리에게 부탁하셨느니라

→ 우리에게 하나님과 우리를 그리스도를 통해 화목하게 하는 사역을 맡겨주셨다.

20그러므로 우리가 그리스도를 대신하여 사신이 되어 하나님이 우리를 통하여 너희를 권면하
시는 것 같이 그리스도를 대신하여 간청하노니 너희는 하나님과 화목하라

→ 바울은 그리스도의 사신(대사)이 됨. 그 사명은 화목하게 하는 역할이다.

21하나님이 죄를 알지도 못하신 이를 우리를 대신하여 죄로 삼으신 것은 우리로 하여금 그 안
에서 하나님의 의가 되게 하려 하심이라

→ 죄 없으신 그리스도를 죄인으로 삼으신 것은 우리를 의롭게 하시기 위함이다.

### 가. 18, 19절에 의하면, 화목하게 하는 직책이란 무엇을 의미하는가?

화목하게 하는 직책이란 하나님과 사람이 서로 화해를 이루도록 하는 것으로서, 원수되었던 관계를 다시 친구 관계로 만드는 것을 말한다. 사람은 죄 때문에 하나님과 원수가 되었다. 그러나 하나님은 그의 은혜를 따라 자신의 아들을 화목제로 주심으로 우리의 죄를 심판하지 않으시고 화목하게 하셨다.

참고: 화목하게 함이란 다시 친하게 만드는 것, 조화를 이루도록 하는 것을 의미한다.

## 나. 대사의 실제적인 임무는 무엇인가?

그는 자신이 대사인 나라에서 살지만 그의 고국은 아니며 외국인으로 거기에서 살고 있는 사람들과도 분명히 다르다. 그는 고국으로 돌아오고 싶어도 그곳에 머물러 있으면서 자신의 나라를 위해 충성해야 하며, 그들에게 고국을 나타내어 두 나라를 하나로 연결시키는 일을 해야 한다.

참고: 대사란 한 나라 혹은 한 정부를 대신하기 위해 임명된 높은 계층의 외교 대리인이다.

명료하게 하는 질문:
1) 대사의 책임은 무엇인가?
2) 대사의 특권은 무엇인가?

## 다. 대사의 실제적인 임무는 무엇인가?

우리는 이 세상에서 가장 높은 부르심을 받은 자들임을 깨달아 우리의 임무를 신중하게 맡아야 할 뿐 아니라 우리의 행동과 태도로 주님을 증거하고 하나님의 성품을 사람들에게 반영시켜야 한다. 또한 하나님의 나라에 속하지 않은 비그리스도인들과는 다르게 살아야 할 것이다.

라. 16절에 나타난 바울의 영적 관점에 비추어, 당신이 아는 사람 중에서 '모든 것을 가졌으되' 그리스도를 알지 못하는 사람이 있는가?

마. 바울은 이런 사람들을 어떻게 생각했는가?

세상적인 기준에서는 모든 것을 가진 것처럼 보이지만 영적 관점에서는 반드시 가져야 할 가장 중요한 것을 갖지 못한 사람, 즉 그리스도에게 영원히 분리된 잃어버린 사람으로 보았다.

바. 당신의 삶 속에 계신 주님을 다른 사람에게 전하기 위해 이 주간에 당신이 할 수 있는 일은 무엇인가?

순원들에게 이 질문에 대답할 수 있는 시간을 주라.
충분한 시간을 주었다고 생각되면 그들의 대답을 나누도록 하라.

## 5 사람들에 대한 바울의 관점과 그 결과

당신이 전도하려는 사람들의 명단을 만들고, 그들을 접촉하기 위한 방법을 결정하라.

다음 모임의 시간과 장소를 정하라.

# 독신기간 멋지게 살기

- 개 관 목 적 -

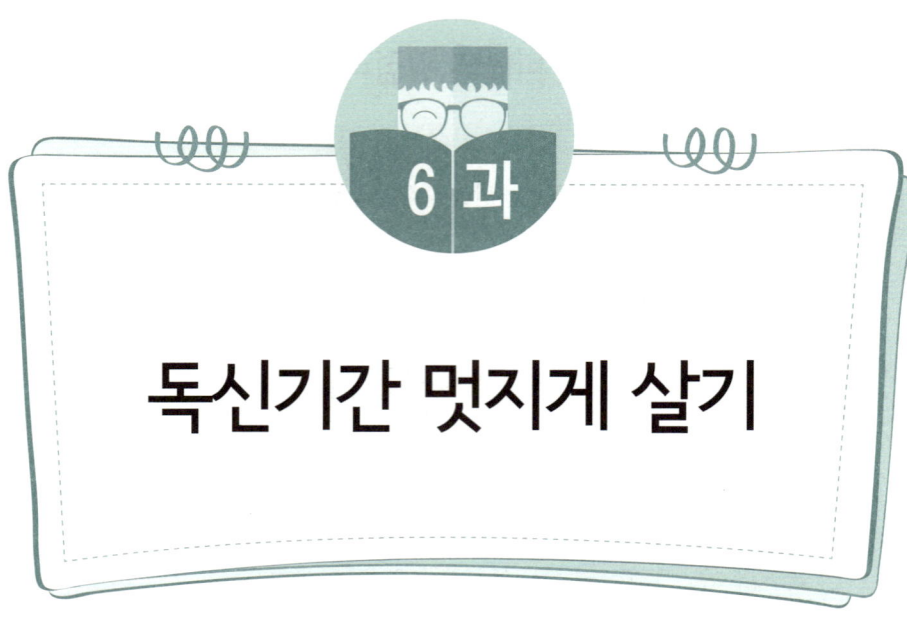

당신으로 하여금 독신기간에 대한 하나님의 관점을 발견하고 그 기간을 최대한 사용하는 방법을 배우고자 하는 데 있다.

## 학 습 목 표

이 강의가 끝날 때 당신은,

1. 독신기간에 대한 하나님의 관점을 개발할 수 있다.
2. 한 개인으로서 최대의 잠재력에 도달하도록 어떻게 자신을 개발할 수 있는지를 배울 수 있다.
3. 하나님이 당신의 독신기간을 최대의 봉사기간으로 사용하시는 방법을 알 수 있다.

## 1 서론

가. 독신이든 아니든 누구든 하나님의 뜻대로 살게 될 때 그는 전폭적으로 채움 을 받게 될 것이다.

1) 사 16:11 "주께서 생명의 길로 내게 보이시리니 주의 앞에는 기쁨이 충만하고 주의 우편에는 영원한 즐거움이 있나이다"

2) 골2:10 "너희도 그 안에서 충만하여 졌으니…"

3) 빌4:19 "나의 하나님이 그리스도 예수 안에서 영광 가운데 그 풍성한 대로 너희 모든 쓸 것을 채우시리라"

나. 남자의 기본적인 욕구(basic needs)에는 어떤 것들이 있는가?

서로 의견을 나누고 그것을 수렴하여 적는 것이 더 좋다.

존경, 지도력 발휘, 절제, 훈련, 인정받음, 성공 등

다. 여자의 기본적인 욕구욕구에는 어떤 것들이 있는가?

먼저 여자의 기본적 욕구에 대해 서로 의견을 나누라.

사랑, 안전, 교제, 인기, 평강, 보호 등

1) 가끔 사람들의 실제 욕구(real need)와 느끼는 욕구(felt need)에는 차이가 있다. 결혼의 경우 이 현상은 특별히 남자보다는 여자에게 더 많이 일어난다고 한다. 하루는 결혼하고 싶은 욕구를 느끼고 다음날 아침에는 결혼하고 싶은 생각이 사라진다. 독신인 여성이 결혼하고 싶은 욕구를 일으켰을 때 그것은 그녀의 실제 욕구를 의미하지 않는다. 그녀의 실제 욕구는 안정을 가지려는 것이다. 어느 날 한 부인이 자신의 우둔한 모습에 지루함을 느낀다. 다음날 그녀는 예쁜 자신의 모습에 활기 있는 느낌을 갖는다. 이렇게 지루한 날에 그녀의 실제 욕구는 예쁘게 되는 것이 아니라 오히려 그녀의 방법대로 인정받고 사랑받는 것이다.

2) 사람이 욕구(need)를 가졌다는 이유만으로 영적이 아니라 (Unspiritual)는 느낌을 가질 필요는 없다. 그리스도인들은 오히려 이러한 욕구에 관해 알고, 그것을 무시하지 않고 하나님이 채우시도록 그분께 이러한 욕구를 드리는 법을 배우는 것이 필요하다.

3) 이러한 필요들을 그리스도께서 충족시켜 주실 것을 믿는 것이 오히려 뿌리 깊고 , 성숙한 사람이 되게 해 줄 것이다. 그는 다른 사람들보다 하나님이 그의 욕구를 채우실 것을 기대하기 때문에 만족을 사람에게서 찾지 않고 하나님께 채움 받는다. 그 결과 다른 사람들에게 베푸는 것에 대해 더 자유로우며 다른 사람들에게 더 관대해 질 수 있다.

4) 대학생들인 경우에는 아직 학생신분이고 결혼 적령기가 아님으로 '독신'에 대한 개념이 의아할 것이다. 그러나 대학생 기간 중에도 결혼을 생각하거나 결혼을 염두에 둔 사귐도 많이 일어남으로 결혼 전의 기간을 어떻게 보낼 것인가를 생각하는 것은 중요하다. 이 기간 중에 순모임과 순장모임 지구모임 철야 리트릿과 여러 모임들을 통해 서로를 격려하고 서로의 필요를 채울 수 있다.

다. 하나님은 어느 면에서는 우리 모두를 독신으로 부르셨다. 그것은 우리의 삶과 행위와 마음과 중심과 영혼이 우리를 존재할 수 있게 하시는 하나님께만 향해 있을 수 있는 순전함을 의미한다.

## 2 독신기간을 가치있게 보내기

가. 그리스도와 친근한 관계 를 확립하고 당신의 독신 기간에 하나님의 관점 을 유지하라.

1) 사영리의 제1원리를 믿으라. 하나님은 당신을 사랑하시며 당신을 위한 놀라운 계획을 가지고 계신다.

2) 당신 삶의 목적 을 목록으로 만들라. 하나님께서 그것들을 하나님의 순서와 시간에 이루시게 하라. 당신이 이러한 목표를 성취할 수 있도록 하나님이 당신에게 한 계획을 주실 것을 믿으라.

3) 하나님 한 분만을 신뢰하는 법을 배우라. 당신의 생애에서 하나님 한분과만 함께 있을 시간이 없는 것처럼 오로지(고전 7:35) 하나님 한 분만을 신뢰하는 법을 배우라.

고전 7:35 내가 이것을 말함은 너희의 유익을 위함이요 너희에게 올무를 놓으려 함이 아니니 오직 너희로 하여금 이치에 합당하게 하여 흐트러짐이 없이 주를 섬기게 하려 함이라

사도바울은 32-34절에서 장가가고 시집간 자보다 독신들이 훨씬 주의 일에 집중할 수 있음을 강조한다.

4) 그리스도의 재림이 가까우며 세상에서 당신의 인생이 짧다는 것 을 아는 지식을 가지고 성령 충만한 사람으로 살아가라.

5) 우리가 살고 있는 시대의 긴급함을 항상 잃지 말라.(딤후 4:2) 영원한 관점을 개발하라.

딤후 4:2 너는 말씀을 전파하라 때를 얻든지 못 얻든지 항상 힘쓰라 범사에 오래 참음과 가르침으로 경책하며 경계하며 권하라

6) 시편 84:11을 기억하라. "정직하게 행하는 자에게 좋은 것을 아끼지 아니하실 것임이니이다" 혼자 사는 것에 대해 초조해 하는 것은 이 말씀을 믿지 않는 것이며 "만군의 여호와여, 주께 의지하는(주를 알고 믿으며 모든 것을 맡기고, 신뢰로 주를 기다리며 두려움이나 의심이 없는) 자는 복이 있나이다"(12절)라는 말씀대로 행동하지 않는 것이다.

7) 모든 순간을 가장 풍성 하게 살라. 아브라함 링컨은 "우리들 대부분이 살기 위해 항상 준비하지만 결코 현실을 살지 못한다."라고 말했다.

8) "여호와께서 사람의 걸음을 정하시고 그 길을 기뻐하시나니"(시37:23) 라는 말씀을 담대하게 믿으라. 올바른 관점의 요점은 순간순간 전심으로 하나님의 뜻을 바라는 것이다.

9) 독신 기간에 이해심 많은 사람으로서 그리스도를 의지하라. 자기 연민을 주의하라. 그것은 당신을 위한 최선이 무엇인지를 알고 계신 하나님을 믿지 않는 것이다.

10) 결혼 이 외로움을 감소시켜 주는 것을 보장하지 않으며 또 완전한 행복을 보장하는 것이 아님을 기억하라. 이러한 것들은 그리스도로부터 오는 것이다.

## 나. 당신의 독신기간에 최대의 봉사 를 하라.

1) 당신의 인생에서 전 시간을 투자하여 다른 사람을 그리스도께 인도하며 그들을 주님의 제자로 훈련시키는 데에 집중할 수 있음에 감사하라. 왜냐하면 가족에 대한 책임이 없

기 때문이다. 어디서 어떻게든 하나님께서 당신을 쓰실 수 있게 하라.(고전7:32-35)

고전 7:32-35 [32]너희가 염려 없기를 원하노라 장가 가지 않은 자는 주의 일을 염려하여 어찌 하여야 주를 기쁘시게 할까 하되 [33]장가 간 자는 세상 일을 염려하여 어찌하여야 아내를 기쁘게 할까 하여 [34]마음이 갈라지며 시집 가지 않은 자와 처녀는 주의 일을 염려하여 몸과 영을 다 거룩하게 하려 하되 시집 간 자는 세상 일을 염려하여 어찌하여야 남편을 기쁘게 할까 하느니라 [35]내가 이것을 말함은 너희의 유익을 위함이요 너희에게 올무를 놓으려 함이 아니니 오직 너희로 하여금 이치에 합당하게 하여 흐트러짐이 없이 주를 섬기게 하려 함이라

사도바울이 결혼의 의무를 반대한 것은 아니다. 예수님이 오실 때가 "단축하여진 고로"(7:29) 인생의 우선순위를 '흐트러짐이 없이 주를 섬기는 일'에 전념해야 함을 가르친 것이다. 그럴 때에 독신들이 결혼한 자들보다는 주님을 섬기기에 훨씬 더 유리하다는 것을 지적한 것이다. 결혼한 자들은 독신들보다 더 힘을 많이 들여야 독신들만큼 주님을 섬길 수 있다. 이것이 독신의 특권인 것이다. 독신들은 이 특권을 다른 곳에 사용치 않도록 주의해야 한다.

2) 하나님의 꿈으로 꿈을 꾸라. 하나님께서 그리스도의 생(生)을 어떻게 사용하셨는지를 생각해 보라.

히 4:15 우리에게 있는 대제사장은 우리의 연약함을 동정하지 못하실 이가 아니요…

3) 하나님이 당신에게 꿈과 계획을 주신다면, 결혼은 하나님의 꿈에 영향을 미치지 않을 것이다. 결혼이 하나님 계획의 일부라면 그것은 그 계획의 적당한 위치에 자리하게 될 것이다.

4) 사도 바울 역시 독신이었음을 기억하라. 활기 있는 생활을 하라. 유혹은 한가할 때 온다. 당신의 마음과 중심이 하나님보다 오히려 당신 자신과 당신의 욕망으로 채워질 때 불행하게 된다.

다. 독신 기간에 한 개인으로서 자신을 <u>성장</u> 시키라.

1) 다른 어떤 때보다 지금이 개인으로서 성장할 수 있는 많은 기회를 갖게 된다는 사실을 믿으라.

2) 독신기간에 당신의 전반적인 부분을 성장시키라. 당신 생애에 영향을 줄 수 있으며 당신도 영향을 끼칠 사람을 개인적으로 알아가기를 힘쓰라. 당신의 창조적인 능력과 재능을 사용하여 하나님께 영광을 돌리라.

3) 당신의 관점을 유지하라. 동성의 사람들과 건전한 관계를 발전시키라.

4) 독신기간에 접대하는 일에 힘쓰라. 학생들뿐 아니라 당신의 동년배들, 부부들, 친척들을 초대하라. 학생인 경우 특히 일생동안 함께 할 믿음의 친구들과 기도 친구들과의 관계를 돈독히 하라.

5) 당신의 독신기간 동안 <u>집안일</u> 하는 것을 배우라(사랑방 훈련은 아주 좋은 방법 중 하나이다). 한 사람을 위해 일을 조직적으로 하지 못할 때 두 사람을 위해 일을 조직적으로 한다는 것은 쉽지 않다.

6) 결혼한 부부가 시간을 함께 갖는다는 것은 재미있는 일만 하는 것이 아니다. 성공적인 결혼을 위해서는 시간이 필요하다. 부부는 대화가 필요하며 그것은 시간이 걸린다. 결혼 전 다른 사람과 관계를 잘 맺는 것은 앞으로의 부부생활에도 많은 도움이 됨을 기억하라.

라. 언젠가 하나님께서 주실 배우자를 위해 준비하라.

1) 결혼을 당신의 사역만큼 특별한 소명으로 생각하라. 당신은 결혼하도록 미래에 부름 받을 수도 있다. 그러나 당신의 만족이 미래의 갈망이 아니라 현재 경험이어야 한다.

2) 하나님께서 당신을 위해 어떤 사람을 예비하고 계신다는 사실을 알라 (지구상에 그 사람이 없다면, 그때는 하나님 자신이 그분이시다).

3) 하나님을 위해 그리고 언젠가 당신의 일생을 함께 나눌 사람을 위해 몸의 순결과 거룩을 지키라.(히 13:4)

히 13:4 모든 사람은 결혼을 귀히 여기고 침소(marriage bed)를 더럽히지 않게 하라 음행하는 자들(adulterer)과 간음하는 자(all the sexually immoral)들을 하나님이 심판하시리라

결혼의 존엄성을 지키고(honor) 결혼의 순결(pure)을 유지하라는 말씀이다.
이 과 끝의 순결 서약서에 서명하도록 권면하라.

## 순결서약서

나는 이 순간부터 결혼의 존엄성(honor)을 지키고 결혼의 순결(purity)을 유지하기 위해 몸의 순결과 거룩을 지키기로 하나님 앞에 맹세하며 이에 서약의 서명을 합니다.

이름 ______________________

날짜 ______________________

서명 ______________________

'이 순간부터'라고 기록한 이유는 과거에 어떤 경험이 있더라도 새 출발을 권면하기 위해서 이다. 과거에 좋지 않은 경험이 있었다면 하나님 앞에 회개하고 지금부터 순결을 지키도록 권면하라. 이제까지 순결을 지켰다면 칭찬해주고 계속 순결 100%를 유지하여 아름답게 결혼 생활을 시작하도록 격려하라.

4) 하나님의 선택을 기다리기로 결심 을 하면 어떤 사람이 당신에게 사랑을 나타낼 때 쉽게 흔들리지 않을 것이다(예:기독교인이 아닌 자).

5) 당신의 관점을 지키라. 혼자 사는 것에 대한 지나친 염려는 결혼해야 한다거나 또는 배우자를 얻어야 한다는 세상의 압력에서 온다. 그리스도 안에서 당신은 완전하다는 사실을 알라. 결혼이 당신의 궁극적인 목표가 아니며, 모든 아픔들에 대한 만병통치약도 아니다.

6) 가족을 포함하여 당신 주변의 모든 이성들과의 우정 을 소중히 여기라. 그들과 즐거운 시간을 가지면서 그들을 알도록 하라.

7) 남편 혹은 아내를 찾는 것만을 목표로 하는 우를 범하지 말라. 오히려 기회가 될 때마다 자연스럽게 찾으라. 빌립보서 4:11의 성경적인 원리를 적용하라: "…어떤 형편에든지 내가 자족하기를 배웠노라" 현재에도 만족할 줄 아는 것을 배우라.

8) 하나님이 선택하신 배우자를 기다리는 올바른 마음을 지킴으로써 혼자 사는 다른 사람들에게 감동을 주는 자 가 되라. 이 문제를 주님 앞에서 해결하라. 그리고 결혼에 관한 생각들 혹은 이성문제가 다시 떠오를 때, 그것들을 다시 해결하라. 계속하여 그것들을 해결하라. 당신의 욕망들에 대해 하나님께 감사하라.

9) 당신의 내면세계 를 발전시키라. 당신이 결혼할 때 매력적인 외모보다 더 많은 것들을 배우자에게 제공하고 싶을 것이다. 매력적인 사람을 찾는 것보다 더 중요한 것은 나 자신이 지적으로, 내면적으로, 영적으로, 도덕적으로 매력적인 사람으로 준비되는 것이다.

10) 당신의 자녀들을 위해 훌륭한 부모가 되기 위해 준비하라. 사무엘과 같은 한 아이를 키우기 위해 그 어머니는 20년이나 준비했다. 그가 태어나기 20년 전 부터 그의 훈련은 시작된 것이다. 현재에 충실한 것이 미래 결혼생활의 성공의 열쇠임을 기억하라.

마. 읽고 묵상 하는 것을 통해 하나님의 관점을 가지라.

1) 아래의 말씀들을 보고 하나님이 그 말씀들을 통해 당신에게 말씀하고 계시는 것을 적으라.

2) 이 말씀들이 당신 인생에서 실제가 되도록 하나님께 기도하라.

3) "사랑은 주기 위해서도 기다릴 수 있다. 욕망은 얻기 위해서 결코 기다릴 수 없다." (빌 고나드)는 말을 기억하라.

(1) 안정

우리들의 안정의 근거를 알기 위해 이 말씀들을 읽으라.

마 6:33-34 [33]그런즉 너희는 먼저 그의 나라와 그의 의를 구하라 그리하면 이 모든 것을 너희에게 더하시리라 [34]그러므로 내일 일을 위하여 염려하지 말라 내일 일은 내일이 염려할 것이요 한 날의 괴로움은 그 날로 족하니라

벧전 5:7 너희 염려를 다 주께 맡기라 이는 그가 너희를 돌보심이라

고전 10:13 사람이 감당할 시험 밖에는 너희가 당한 것이 없나니 오직 하나님은 미쁘사 너희가 감당하지 못할 시험 당함을 허락하지 아니하시고 시험 당할 즈음에 또한 피할 길을 내사 너희로 능히 감당하게 하시느니라

(2) 사랑

이 구절에 의하면 당신을 사랑하는 사람은 누구인가?

시 43:5

시 43:5 내 영혼아 네가 어찌하여 낙심하며 어찌하여 내 속에서 불안해 하는가 너는 하나님께 소망을 두라 그가 나타나 도우심으로 말미암아 내 하나님을 여전히 찬송하리로다”

갈 2:20

갈 2:20 내가 그리스도와 함께 십자가에 못 박혔나니 그런즉 이제는 내가 사는 것이 아니요 오직 내 안에 그리스도께서 사시는 것이라 이제 내가 육체 가운데 사는 것은 나를 사랑하사 나를 위하여 자기 자신을 버리신 하나님의 아들을 믿는 믿음 안에서 사는 것이라

우리에 대한 하나님의 사랑은 무조건적이다. 고전 13장에 있는 당신을 위한 하나님의 사랑의 깊이를 주의하여 읽으라. 당신의 이름을 넣어 읽어보라.

예) 하나님은 현숙을 위해 참으신다.

(3) 평안

평안은 두려움과 불화로부터의 자유로움이다. 아래의 말씀들이 당신에게 어떻게 평안을 주는가?

빌 4:8-9

빌 4:8-9 [9]끝으로 형제들아 무엇에든지 참되며 무엇에든지 경건하며 무엇에든지 옳으며 무엇에든지 정결하며 무엇에든지 사랑 받을 만하며 무엇에든지 칭찬 받을 만하며 무슨 덕이 있든지 무슨 기림이 있든지 이것들을 생각하라 [10]너희는 내게 배우고 받고 듣고 본 바를 행하라 그리하면 평강의 하나님이 너희와 함께 계시리라

시 84:11

시 84:11 여호와 하나님은 해요 방패이시라 여호와께서 은혜와 영화를 주시며 정직하게 행하는 자에게 좋은 것을 아끼지 아니하실 것임이니이다

마 6:30

마 6:30 오늘 있다가 내일 아궁이에 던져지는 들풀도 하나님이 이렇게 입히시거든 하물며 너희일까보냐 믿음이 작은 자들아

잠 3:5-6

잠 3:5-6 [5]너는 마음을 다하여 여호와를 신뢰하고 네 명철을 의지하지 말라 [6]너는 범사에 그를 인정하라 그리하면 네 길을 지도하시리라

(4) 교제

히브리서 13:5에서 그리스도가 약속하신 것은 무엇인가?

히 13:5 돈을 사랑하지 말고 있는 바를 족한 줄로 알라 그가 친히 말씀하시기를 내가 결코 너희를 버리지 아니하고 너희를 떠나지 아니하리라 하셨느니라

한 부인이 자신이 혼자이고 외롭다는 것을 느끼게 되었다. 그녀는 자기 연민에 빠지는 대신 주님과의 만남을 갖기로 결심했다. 그녀는 말씀을 읽을 때 그녀의 필요를 채워 주시고 그녀에게 말씀해 주시도록 하나님께 기도했다. 그녀는 성경을 펼쳐서 스바냐 3:17을 읽었다. 무슨 말씀인가?

습 3:17 너의 하나님 여호와가 너의 가운데에 계시니 그는 구원을 베푸실 전능자이시라 그가 너로 말미암아 기쁨을 이기지 못하시며 너를 잠잠히 사랑하시며 너로 말미암아 즐거이 부르며 기뻐하시리라 하리라

히브리서 10:24-25은 무엇을 암시하고 있는가?

히 10:24-25 [24]서로 돌아보아 사랑과 선행을 격려하며 [25]모이기를 폐하는 어떤 사람들의 습관과 같이 하지 말고 오직 권하여 그 날이 가까움을 볼수록 더욱 그리하자

독신인 여자가 가끔 외로워질 때, 그녀는 스스로에게 말한다. "만일 내가 남자친구를 가졌다면" 혹은 "내가 결혼했다면…" 빌립보서 4:11은 이것에 관해 어떻게 말하고 있는가?

빌 4:11 내가 궁핍하므로 말하는 것이 아니니라 어떠한 형편에든지 나는 자족하기를 배웠노니
→ 이것은 바울이 발견한 비법이다.

당신이 외로움에 대처할 수 있는 창조적인 방법은 무엇인가?

독신인 처녀는 결혼이 보상이 아니라 소명이며, 그러므로 결혼한 사람이 혼자 될 수도 있고 독신인 사람이 결혼할 수도 있다는 사실을 기억해야 한다. 결혼서약이 모든 문제들과 외로움을 꼭 소멸시키지는 않는다.

# 룸메이트와 살아남기

**- 개 관 목 적 -**

당신으로 하여금 룸메이트와 서로의 차이점을 배워 적응하며 서로를 보완해주고 이것이 사역에 있어 얼마나 효과적인가를 배우게 하는데 있다.
이 과는  룸메이트 뿐 아니라 모든 인간관계에 필요한 원리를 제공해 줄 수 있다.

## 학 습 목 표

이 강의가 끝날 때 당신은,

1. 교제의 기초가 되는 지침들을 결정지을 수 있다.
2. 서로 이해하기 위해 서로간의 차이점들에 적응할 수 있게 된다.
3. 조화로운 교제가 이루어졌을 때 각 룸메이트가 서로에게 어떻게 보완해 줄 수 있는가를 발견할 수 있다.
4. 행복한 생활의 정돈이 삶과 사역에 있어서 얼마나 큰 만족을 주며 효과적인가를 발견할 수 있다.

# 1 타인과 살아가는데 필요한 지침들

이 과는 독신으로서 룸메이트가 있거나 대학생들이 기숙사나 사랑방에서 룸메이트와 함께 살 때의 영적 원리를 다룬다. 이것을 잘 숙지하면 결혼 후 배우자와의 관계에서도 적용할 수 있으며 도움을 받을 수 있다. 다른 사람과 함께 살아가는 기본 원리이기 때문이다.

## 가. 당신의 교제를 교제의 원리를 확립하라.

### 1) 훌륭한 룸메이트와의 교제를 위해 다음 구절들을 적용하라.

빌 2:1-8 1그러므로 그리스도 안에 무슨 권면이나 사랑의 무슨 위로나 성령의 무슨 교제나 긍
휼이나 자비가 있거든 2마음을 같이하여 같은 사랑을 가지고 뜻을 합하여 한 마음을 품어 3아
무 일에든지 다툼이나 허영으로 하지 말고 오직 겸손한 마음으로 각각 자기보다 남을 낫게 여
기고 4각각 자기 일을 돌볼뿐더러 또한 각각 다른사람들의 일을 돌아보아 나의 기쁨을 충만하
게 하라 5너희 안에 이 마음을 품으라 곧 그리스도 예수의 마음이니 6그는 근본 하나님의 본체
시나 하나님과 동등됨을 취할 것으로 여기지 아니하시고 7오히려 자기를 비워 종의 형체를 가
지사 사람들과 같이 되셨고 8사람의 모양으로 나타나사 자기를 낮추시고 죽기까지 복종하셨
으니 곧 십자가에 죽으심이라

히 10:24 서로 돌아보아 사랑과 선행을 격려하며

갈 6:1-3 1형제들아 사람이 만일 무슨 범죄한 일이 드러나거든 신령한 너희는 온유한 심령으
로 그러한 자를 바로잡고 너 자신을 살펴보아 너도 시험을 받을까 두려워하라 2너희가 짐을 서
로 지라 그리하여 그리스도의 법을 성취하라 3만일 누가 아무 것도 되지 못하고 된 줄로 생각
하면 스스로 속임이라

마 18:15-17 15네 형제가 죄를 범하거든 가서 너와 그 사람과만 상대하여 권고하라 만일 들으
면 네가 네 형제를 얻은 것이요 16만일 듣지 않거든 한두 사람을 데리고 가서 두세 증인의 입으
로 말마다 확증하게 하라 17만일 그들의 말도 듣지 않거든 교회에 말하고 교회의 말도 듣지 않
거든 이방인과 세리와 같이 여기라

잠 25:9-12 [9]너는 이웃과 다투거든 변론만 하고 남의 은밀한 일은 누설하지 말라 [10]듣는 자가 너를 꾸짖을 터이요 또 네게 대한 악평이 네게서 떠나지 아니할까 두려우니라 [11]경우에 합당한 말은 아로새긴 은 쟁반에 금 사과니라 [12]슬기로운 자의 책망은 청종하는 귀에 금 고리와 정금 장식이니라

이웃과 다투지 않는 것이 최고다. 다툴 일이 발생한다면 둘 사이에서 해결하는 것이 최고다. 그러나 이것이 굳이 공적으로 다루어져야 한다면 최소한으로 다투는 일에 대해서만 이야기하고 그간 서로 간에 나누었던 비밀스런 이야기나 약점들을 들추어 이기려고 이용해서는 안 된다. 이런 일을 말할 때에 상대방도 공격을 하면 명성이 더 엉망이 될 수 있기 때문이다.

이것이 잠언이 가르쳐 주는 지혜이다. 어떤 경우에도 서로 신뢰를 하고 말한 이야기들은 비밀과 의리를 지켜 주어야 한다.

고후 2:10-11 [10]너희가 무슨 일에든지 누구를 용서하면 나도 그리하고 내가 만일 용서한 일이 있으면 용서한 그것은 너희를 위하여 그리스도 앞에서 한 것이니 [11]이는 우리로 사탄에게 속지 않게 하려 함이라 우리는 그 계책을 알지 못하는 바가 아니로라

→ 사도바울은 사탄이 서로를 이간질 하는 것을 용서의 정신으로 막아야 한다고 가르친다. 우리가 사탄의 전략을 잘 알아야 한다.

잠 17:9 허물을 덮어 주는 자는 사랑을 구하는 자요 그것을 거듭 말하는 자는 친한 벗을 이간하는 자니라

잠 17:4 악을 행하는 자는 사악한 입술이 하는 말을 잘 듣고 거짓말을 하는 자는 악한 혀가 하는 말에 귀를 기울이느니라

잠 10:12 미움은 다툼을 일으켜도 사랑은 모든 허물을 가리느니라

요 13:35 너희가 서로 사랑하면 이로써 모든 사람이 너희가 내 제자인 줄 알리라

요 15:13 사람이 친구를 위하여 자기 목숨을 버리면 이보다 더 큰 사랑이 없나니

2) 이 구절들을 잘 묵상하고 공부하여 함께 살아가는데 실천할 수 있는 원리들을 각자 정하라.

## 나. 다른 사람과의 차이점을 올바르게 인식하라.

1) 당신의 룸메이트가 당신과 같이 되도록 하기 위해 끼워 맞추려 하지 말라. 당신이 하나님의 형상을 닮도록 하기 위해 그를 당신에게 보내 주셨다고 생각하라.

"하나님께서는 특별한 목적으로 그를 나의 생애에 보내 주셨다.
그는 나를 격려 할뿐만 아니라 나의 모난 부분을 손질해 주는 사포이다."

2) 우리 모두는 각기 다른 배경을 가진 사실을 인정하라.

3) 조직이나 시간 사용 등 그 외에 있어서 서로를 다듬고 도우려고 노력하는 한편 개성을 인정하라.

4) 친절하고 상냥하며 서로에게 정직 하라. 그가 자신에 대해 이야기 하도록 하라. 또 그에게 당신 자신을 알려 주라. (장래 꿈과 소원 등)

5) 먼저 좋아하는 것 과 싫어하는 것 에 대해 동의하라.
당신의 룸메이트의 요구와 개인의 필요를 고려하고 서로 그런 면에 대해 분명하게 대화하라. 정확히 알지도 못하면서 '그럴 것이다'라는 잘못된 추측을 하지 않도록 주의하라. 반드시 상대방 의사를 확인하라.

## 다. 실제적인 행동으로 사랑을 표현하라.

1) 당신은 그에게 헌신 하려는 태도로 대하라. 왜냐하면 이것이 당신을 향한 하나님의 뜻이며 서로를 위한 의무 이기 때문이다. 개인 전략의 목표를 성취하기 위해 서로 격려하라.

2) 당신을 위해 그가 하는 모든 것에 _감사_ 하라. 그가 당신의 룸메이트인 것을 하나님께 감사하라.

3) 당신의 룸메이트에 대한 _관심_ 과 진실된 사랑을 주시도록 하나님께 구하라.

4) 서로를 _섬길_ 수 있도록 노력하라. 갈 6:9-10을 묵상하라. 그는 내가 당면해 보지 않은 필요들을 가지고 있으며 (사랑과 용납 등) 어려움을 가지고 있을 수 있다. (과거의 상처나 재정 문제나 가족들 간의 갈등 등)

갈 6:9-10 [9]우리가 선을 행하되 낙심하지 말지니 포기하지 아니하면 때가 이르매 거두리라 [10]그러므로 우리는 기회 있는 대로 모든 이에게 착한 일을 하되 더욱 믿음의 가정들에게 할지니라

5) 당신의 룸메이트가 믿음이나 사랑 등의 성령의 열매를 드러낼 때 _칭찬_ 하라. 어떤 일에 대해서 당신이 칭찬할 때 그들은 칭찬한대로 된다. 만일 어떤 사람이 나쁜 특성을 가지고 있다면 _변화_ 되도록 기도하고, 변화된 것에 대해서 칭찬하라.

6) 그의 관심과 필요와 문제들을 _듣는_ 시간을 가지라. 시간을 따로 떼어 놓으라. 사람들을 위해 그러한 시간을 _계획_ 하라. 사람들은 계획들보다 중요하다.

7) 서로를 위해 무엇인가 하라. 예를 들면 심부름이나 룸메이트를 위해 마실 것 등을 준비하라.

시험공부나 업무로 급하면 설거지도 자기 차례가 아니라드 해 주어라. 결코 손해 보는 것이 아니다. '다음번에는 네가 두 번 설거지해야 한다.' 등의 대가를 요구하거나 생색을 내어 부담을 주지 않도록 주의 하라.

잘못하면 안 해 준 것만 못하게 된다.

8) 룸메이트에게 혼자 있는 것과 조용한 시간이 필요함을 인식하라.

9) 친구나 손님을 초대했을 때 당신의 룸메이트를 고려하라. 미리 양해를 구하고 허락을 맡고 몇 시에 헤어질 것인지를 상의하라. 늦어질 경우 꼭 다시 양해를 구하고 사과하는 것을 잊지 말라.

아무리 친해도 기본 예의를 지키는 것이 서로에 대해 존중하는 모습이다.

10) 서로 같이 즐거운 일을 하며 시간을 보내라. 룸메이트를 통해서도 하나님께서 역사하시므로 좋은 인연으로 함께 좋은 시간을 보내고 추억을 만들어라.

룸메이트가 기독교인이 아니라면 더욱 그렇게 하라.

11) 서로를 즐겁게 하라. 이것은 함께 잘 지내는 것만으로는 충분하지 않다. 대화와 기도의 질적인 시간을 가지라.

## 라. 개방된 분위기를 창조하라.

1) 개방된 대화를 실천하라. 먼저 자신을 여는 자가 되라.

2) 당신이 어떤 일에 대해 실제로는 그러면서도 그렇지 않은 척하지 마라. 방해 받지 않았다거나 관계치 않는다는 식의 말로 둘러대지 마라. 기드하고 사랑으로 솔직하게 이야기하라. 엡 4:15은 선택이 아니라 명령이다.

엡 4:15 오직 사랑 안에서 참된 것을 하여 범사에 그에게까지 자랄지라 그는 머리니 곧 그리스도라

3) 함께 생활하면서 드러나는 룸메이트의 단점이나 모순점들을 그가 객관적으로 볼 수 있도록 도우라. 하지만 돕겠다고 너무 사소한 것까지 말하는 것은 주의하라. 그렇게 서로서로 도우라. 마 18:15, 잠 17:9, 잠 25:9-12 (첫 부분[1번의 가]의 구절들에 이미 나와 있음), 마 7:5 (먼저 자신을 살피라)

마 7:5 외식하는 자여 먼저 네 눈 속에서 들보를 빼어라 그 후에야 밝히 보고 형제의 눈 속에서 티를 빼리라

4) 갈등을 회피함으로서 당신과 룸메이트와의 상황을 통해서 하나님이 성취하시고자 하는 일을 놓치지 말라. 빌 2:1~8, 마 18:15 (첫 부분[1번의 가]의 구절들에 이미 나와 있음), 잠 27:17, 한 사람은 함께 하는 사람을 다듬을 수 있다.

잠 27:17 철이 철을 날카롭게 하는 것 같이 사람이 그의 친구의 얼굴을 빛나게 하느니라

(1) 하나님이 당신을 사용하실 것을 신뢰하라.
(2) 당신이 아마도 그들과 함께 할 수 있는 유일한 사람일지도 모른다.
(3) 서로 잘 지낼 뿐만 아니라 서로가 서로에게 소속되어야 한다.
(4) 만일 우리가 어떤 문제들을 그대로 내버려둔다면 그 문제들은 벽돌이 될 것이고 끝내는 벽이 될 것이다. 벽돌이 형성되도록 허용치 말라. 문제들을 이야기하라.
(5) 갈등이나 문제를 갖는다고 나쁜 것은 아니다. 그러나 그것을 처리하지 않을 때 나쁘게 된다. 인간은 누구나 죄성이 있고, 성격과 문화와 자란 환경이 다르기 때문에 서로 불편하고 갈등이 생기고 문제가 얼마든지 생길 수 있다.

그 자체로 자책할 필요는 없다. 문제는 그것을 해결해야 한다는 것이다.

5) 만일 당신이 갈등과 문제를 가지고 있다면 해결해 줄 수 있는 간사님들로부터 도움을 찾아보라. (마 18:15~17 → 첫 부분[1번의 가]의 구절들에 이미 나와 있음)

## 마. 서로의 소유물에 대해 주의하라.

1) 다른 사람의 소유물을 빌려 쓰는 것에 대해 주의하라.

> 출 22:14-15 [14]만일 이웃에게 빌려온 것이 그 임자가 함께 있지 아니할 때에 상하거나 죽으면 반드시 배상하려니와 [15]그 임자가 그것과 함께 있었으면 배상하지 아니할지니라 만일 세낸 것이면 세로 족하니라
>
> → 이 구절은 구약시대에 하나님께서 가르쳐 주신 이웃과 물건(또는 가축)과의 관계이다. 주인이 함께 있지 않을 때 상하거나 죽으면 빌려온 자는 모든 것을 배상하라는 것이다. 세 낸 것일 경우는 세 낸 값을 주인이 받으면 해결이 된다. 이것을 현대에 그대로 적용하는 것보다는 이런 고대의 기준을 참고로 하여 물건을 빌려 쓸 때는 서로에게 공평하다고 생각되는 규율을 가지고 접근하라는 것이다. 예를 들어 물건이 망가졌을 경우나 잃어버렸을 경우 어떻게 할 것인지의 분명한 기준이 있을 때 서로 곤란한 점을 피할 수 있을 것이다.

2) 타인의 개인 소유물에 대해 존중할 줄 알아야 한다. 빌려 쓰기 전에 늘 의사를 물으라.

## 바. 생활환경을 편안하게 지속시키라.

1) 당신 몫의 일 을 하라. 당신의 룸메이트를 향한 사랑의 표현으로 당신의 소유물 등을 늘 정돈하라.

2) 당신이 일어나는 즉시 침구를 깨끗이 정돈하라.

3) 식사 후에는 즉시 치우라.

4) 화장실에 필요한 생필품이 떨어지면 즉시 보완해 놓으라. 생필품을 마련하는 규칙도 정하라. 돈을 함께 낼 것인지 각자 해결할 것인지 등 (예, 비누, 치약, 휴지 등등).

부엌의 양념들도 마찬가지다. 정해야 할 것이 은근히 많다.

5) 옷가지나 구두 등을 사용하면 즉시 정리하라.

6) 당신 혼자 손님을 초대했을 때 모임이 끝난 후의 설거지나 주방 청소 등을 당신 자신이 책임을 지라. 룸메이트에게 같이 치울 것을 은근히 기대하거나 강요하지 마라.

룸메이트가 도와주는 것이 당연한 기독교인의 섬기는 모습이라는 식의 양심의 압박을 가하는 것은 희생을 이용하는 이기적인 발상이다.

룸메이트는 자신의 공간과 시간을 즐기는 것의 권리가 보장되고 모든 것에서 자유로워야 한다.

## 사. 일의 영역을 나누라.

1) 룸메이트와 정규적인 모임을 시작하라. 그곳에서 가족으로서 일의 의무를 나누라.

2) 같이 살기 시작한 초창기의 몇 달은 같이 앉아서 계획하고 기호와 싫어하는 것을 토론하며 가정의 일을 나누어 맡으라. 그리고 문제가 일어났을 경우 자유스럽게 그 문제를 토론할 수 있는 분위기를 만들라.

3) 당신이 해야 할 일을 잘 발견하여 물어보지 말고 늘 자발적으로 그것들을 행할 수 있도록 당신 자신을 훈련하라.

아. 서로 간에 영적 성장을 지속하라.

1) 매일 같이 기도하라. 서로를 위해 간구하라. 만일 당신이 사전에 동의를 구하지 않았다면 다른 사람을 위한 긴 기도는 하지 말라.

2) 상호간에 서로 나눌 수 있는 목적으로 일주일에 한 번씩 성경공부를 같이 하라. 인터넷을 이용하여 좋은 설교 말씀을 함께 들어도 좋다.

## 2 적용

가. '룸메이트와의 관계 개선을 위한 개인 성경공부'로 각각 45분 정도의 성경공부를 하라.

나. 45분 후에 당신이 준비한 "당신의 룸메이트 파악하기(워크숍)"를 서로 1시간 동안 나누고 서로를 이해하고 격려하는 시간을 가지라.

룸메이트도 워크숍을 준비해서 서로 차이점과 비슷한 점들을 파악하면 즐거운 시간이 될 것이다.

다. 서로 명확한 가르침을 받은 후에 기도로 마치라.

# 룸메이트와 관계개선을 위한 개인 성경공부

## 가. 동기

룸메이트와의 많은 갈등은 대개 우리의 관계를 세워줄 수 있는 적절한 영적 지침을 갖지 못하는데서 비롯된다. 이 공부는 당신의 룸메이트와의 관계에 몇몇 성경적 원리들을 발견하도록 도울 것이다.

## 나. 방법들

1) 방해받지 않고 혼자 있을 수 있는 장소에서 1시간 정도를 내어 아래 성경공부를 하라.

2) 하나님께서 당신에게 말씀하시도록 하고 그의 말씀을 통해서 당신의 특정한 룸메이트의 상황을 알게끔 기도하라.

3) 다음 학습장을 사용하여 각 참조 성구를 찾아보라.

4) 각 성구에서 함축되어 있는 전반적인 원리를 발견하라.

5) 당신 생활환경에 전반적인 원리를 적용하라. 구체적이 되라. 이와 같은 것들을 생각해 보라 : 지금 현재 나의 태도는? 무엇이 필요한가? 누구에게 감정이 있는가? 이 일에 대해 내가 어떻게 해야 하는가?

룸메이트와 관계개선을 위한 개인 성경공부

| 구 절 | 함축된 전반적인 의미 | 적 용 |
|---|---|---|
| 예 :<br>막 12:31-33 | "자신을 사랑하듯<br>서로 사랑하라" | 사심이 없도록 하라는 뜻. 내 것처럼 내 룸메이트의 필요와 요구에 관심을 가지라. 물론 매우 힘든 일이다. 오직 하나님만이 이 일에 능력을 주실 수 있다. 그냥 시작부터 해 보자. 다음번에는 진수가 바쁠 때 불만 없이 음식물 쓰레기를 내가 혼자서 한 주 동안 버려주고 싶다고 이야기해야겠다. |
| 빌 2:1-8 | | |
| 히 10:24 | | |
| 갈 6:1-3 | | |

### 룸메이트와 관계개선을 위한 개인 성경공부

| 구 절 | 함축된 전반적인 의미 | 적 용 |
| --- | --- | --- |
| 마 18:15 | | |
| 고후 2:10-11 | | |
| 잠 17:9 | | |
| 잠 17:4 | | |

## 룸메이트와 관계개선을 위한 개인 성경공부

| 구 절 | 함축된 전반적인 의미 | 적 용 |
|---|---|---|
| 잠 10:12 | | |
| 요 13:35 | | |
| 요 15:5 | | |
| 요 15:13 | | |

# 당신의 룸메이트 파악하기(워크숍)

## 학 습 목 표

이 강의가 끝날 때 당신은,

1) 당신의 룸메이트와 잠재적인 문제 영역을 배우고 그것들을 대화로 도울 수 있게 된다.
2) 당신의 가정생활을 어떻게 세울 수 있을지 룸메이트와 의논함으로 가정 내에서 당신이 편하게 느끼고 창조적이며 효율적이 되도록 할 수 있다.

## 1 서론

가. 룸메이트와의 많은 갈등은 상대방의 좋아하는 것과 싫어하는 것, 성격과 습관 등을 이해하지 못함으로 발생된다. 또한, 불화가 생기는 영역에 대해 어떻게 대화해야 할지를 모르기 때문이기도 하다.

나. 서로의 이해 를 증진시킬 수 있을 때, 어떤 일에 대해 동의 하는가 동의하지 않는가를 알 때, 서로간의 차이점에 대해서 보다 쉽게 적용하고 인정할 수 있게 된다.

다. 조화로운 가정과 행복한 생활환경은 보다 성공적인 사역을 촉진시킨다.

## 2 토의

### 가. 지침

1) 아래의 질문들을 당신의 룸메이트와 같이 앉아서 토의하라. 이 시간은 당신을 위해 특별하고도 보람 있는 시간이 될 것이다.

2) 기도로 시작하라.

3) 각 질문을 철저하게 토의하라. 질문으로 인해 감추어졌던 영역을 드러내 놓게 될 때 자유롭게 이야기하도록 하라.

4) 각 질문에 대해 모든 사람이 대답할 기회가 주어져야 함을 숙지하라.

5) 준비된 여백에 당신 자신의 의견과 기록을 요약하라.

### 나. 질문들

| 질문 | 비고 |
|---|---|
| 1) 당신은 내향적인가 아니면 외향적이며 적극적인가?<br><br>2) 당신은 혼자 지내기를 좋아하는가 혹은 당신 주위에 대화할 대상이 있을 때 더욱 편안하게 느끼는가? | |

| 질문 | 비고 |
|---|---|
| 3) 당신은 참기를 잘하는 사람인가? 만일 당신이 인내하지 못하면 그것이 당신 생활에서 어떻게 표현되는가? 그냥 마음에 품고 있는가 아니면 화를 내거나 당신의 감정을 말로 표현하는가? | |
| 4) 만일 어떤 것이 당신을 괴롭힌다면 대개 당신은 그것에 대해 어떻게 처리하는가? | |
| 5) 만일 당신이 룸메이트에게 방해가 된다면, 당신은 룸메이트가 그 상황에서 그저 암시만 주기를 원하는가 아니면 직접 말해 주기를 원하는가? | |
| 6) 어떤 것이 당신을 짜증나게 하는가? 사소한 것들이라도 어떤 것들이 당신의 신경을 자극해서 약을 올리는가? | |
| 7) 만일 당신이 속으로 상처를 입거나 화가 난 것에 대해 상대가 눈치챘을 때 당신은 상대가 어떤 반응을 보여주기를 원하는가? | |
| 8) 서로 교제(fellowship)함에 있어서 가장 약한 영역이라고 느끼는 것은? | |
| 9) 당신은 조직되어 있고 명백하게 제시된 것을 좋아하는가 아니면 계획되어 있지 않고 간헐적으로 일어나는 일들을 좋아하는가? | |
| 10) 당신은 당신 개인의 필요와 요구들에 대해 사람들이 대체적으로 민감하다고 생각하는가? 설명하라. | |

| 질문 | 비고 |
| --- | --- |
| 11) 당신은 룸메이트와 함께 특별한 기도의 시간이나 서로 나눌 수 있는 경건의 시간이 필요하다고 생각하는가? 언제가 좋겠는가? | |
| 12) 당신은 사람들을 초대하기를 좋아하는가? 그러면 얼마나 자주인가? 룸메이트가 사람들을 초대하기 전에 당신에게 알릴 필요가 있다고 생각하는가? | |
| 13) 당신의 손님들이 왔을 때 룸메이트가 자연스럽게 참여해야 하는가 아니면 룸메이트가 초대받기까지 기다려야 하는가? | |
| 14) 당신은 바깥에서의 활동, 운동이나 쇼핑, 영화관람 등의 시간을 룸메이트와 함께 많이 갖기를 원하는가? 아니면 당신 혼자 이런 일들을 하기를 더 좋아하는가? | |
| 15) 룸메이트가 이성 친구를 자주 집에서 데려 온다면 당신은 어떻게 느끼는가? | |
| 16) 당신의 데이트나 남녀 문제에 대해 룸메이트가 코멘트하는 것에 대해 당신은 어떻게 생각하는가? | |
| 17) 당신은 밤을 지새우는 손님에 대해 어떻게 느끼는가? | |
| 18) 당신은 어떤 것들이 정리가 되지 않으면 신경이 쓰이는가? 당신은 모든 것들이 항상 정리되어 있는 것을 좋아하는가? | |

| 질문 | 비고 |
|---|---|
| 19) 서로가 자기 생활 일정을 어느 정도까지 알려야 한다고 생각하는가? | |
| 20) 텔레비전 보는 것에 대해 어떤 의견이 있는가? 시간, 소리의 크기, 프로그램 등…. | |
| 21) 당신이 듣기 원하는 음악은 어떤 것인가? 당신이 싫어하는 종류의 음악은 무엇인가? | |
| 22) 당신은 반려동물 키우는 것을 어떻게 생각하는가? | |
| 23) 둘 중 누군가 가정 일 등의 규정을 위반했을 때 어떻게 처리해야 한다고 생각하는가? | |
| 24) 둘이 느끼는 불화나 가정일 등의 결정에 대해 토의해야 할 특별한 시간을 정하는 것이 필요하다고 생각하는가? | |
| 25) 당신은 잠을 많이 자는 사람인가 적게 자는 사람인가? | |
| 26) 어떤 것들이 당신을 잠 못 이루도록 하는가? | |
| 27) 늦게 자는 것을 좋아하는가? | |

| 질문 | 비고 |
| --- | --- |
| 28) 아침에 당신은 말을 많이 하는가 혹은 조용한가? 또는 아침에 말을 시키는 것을 좋아하는가 아니면 아침에는 되도록 말을 적게 하는 것을 원하는가? | |
| 29) 당신은 늦게까지 앉아 이야기하는 것을 좋아하는가? | |
| 30) 아침과 저녁에 욕실 사용 시간이 얼마나 필요한가? | |
| 31) 당신은 샤워나 목욕을 아침이나 저녁 중 언제하기를 더 좋아하는가? | |
| 32) 당신은 아침에 늘 정해서 하는 일이 있는가? 서로가 제시간에 준비를 하려면 어떤 조정이 필요한가? | |
| 33) 룸메이트가 정숙하지 못한 모습으로 있을 때 당신은 어떻게 느끼는가? | |
| 34) 당신의 침실은 당신이 허락을 해야만 출입할 수 있는 곳이라고 생각하는가? | |

## 다. 가사일의 경영

| 질문 | 비고 |
| --- | --- |
| 1) 당신은 식사 준비를 혼자 하기를 원하는가 분담해서 같이 하기를 원하는가?<br><br>2) 식사준비를 같이 한다면 다음에 대해 이야기하라:<br>식단과 쇼핑계획서<br>식사예산 – 식습관 – 식단표<br>설거지 당번<br>손님 초대 등<br><br>만일 누군가 식이요법을 하기 원한다면, 특정 음식에 대한 예산을 개인의 원함에 따라 포함시키기 원하는가? 혹은 그 사람 자신이 개인적으로 사오기를 원하는가?<br><br>3) 개별적으로 식사준비 하기를 원할 경우에 대해서 이야기 하라.<br>찬장과 냉장고의 분배<br>공동가사 예산을 지불하는 방법<br>접시세재, 냅킨, 중요도구, 화장지등<br>식단표<br><br>4) 가사일의 의무분담 방법 및 그것이 얼마나 자주 행해져야 하는가?<br>설거지<br>주방청소(가구 닦기나 씻어져야할 모든 가재들)<br>쓰레기 버리기<br>화분 물주기<br>빗자루질<br>걸레질<br>욕실 청소<br>냉장고 서리제거 | |

| 질문 | 비고 |
| --- | --- |
| 5) 만일 룸메이트가 해야 할 몫의 가사 일을 하지 않았거나 더러운 접시를 설거지도 않은 채 주방에 그냥 놔두었을 때 당신은 어떻게 느끼겠는가? | |
| 6) 어떤 방법으로 가정에 필요한 돈을 지불해야 하는가? 즉, 전기세, 가스, 수도세, 집세, 전화료 등…. | |
| 7) 당신은 집이 꼭 이렇게 꾸며져야 한다고 생각하는 의견을 가지고 있는가? | |
| 8) 어떻게 집을 꾸미면 좋다고 생각하는가? | |
| 9) 가구나 기구, 그릇 등을 구비하는데 있어서 어떻게 하기를 원하는가? 또한 이 모든 것들을 공동으로 사용하기를 원하는가? | |
| 10) 접시나 초 또는 조리기구등 중에 당신만 사용하고 싶다든가 혹은 특별한 때에만 사용하기를 원하는 것이 있는가? | |
| 11) 전화에 관해서 (전화가 집안에 있는 경우) 전화건 사람의 이름 등, 메모는 어떻게 어디에 해 놓기를 원하는가? | |
| 12) 당신의 차를 다른 사람이 빌려 쓰는 것에 대해 어떻게 생각하는가? (차가 있는 경우) | |
| 13) 돈을 빌리거나 대부 받는 것에 대해 어떻게 느끼는가? | |
| 14) 옷이나 화장품을 빌리는 것을 어떻게 생각하는가? | |

# 8과

# 지도력이란?

## 1 서론

### 가. 지도자의 정의

웹스터 사전에는 지도력을 다음과 같이 정의하고 있다.

"지도력이란 지도하는 능력이다"

직무를 수행하므로 써 지도자의 자격을 갖는 것이다. 때로는 아무런 직함이 없을지라도 아주 훌륭한 지도자일 수 있다. 웹스터 사전에서 '지도'에 대해서는 "방법을 제시해 주고 수행하며 이끌어 주고 앞서 가거나 함께 행함으로써 ___다른 사람에게___ 길을 가르쳐 주는 것"이라고 정의하고 있다.

### 나. 지도자란 '두 가지 일'을 행하는 사람이다.

1) 그가 향해서 가고 있는 곳 즉 명확한 목표 를 알고 있어야 한다.

2) 다른 사람으로 하여금 자기와 함께 가도록 설득 할 수 있어야 한다.

지도자로서의 성패를 결정하는 것은 바로 이 두 가지 목표와 동기부여를 조화시키는 데 달려있다. 어떤 사람들은 군중의 상상력을 충동질해서 자신을 따르도록 하는 놀라운 능력을 갖고 있는 반면 그들이 가야할 목표점을 알지 못하고 있다. 그들을 막다른 골목으로 몰아갈 수도 있다. 또 어떤 이들은 분명한 목표를 가지고는 있으나 그들과 함께 행동하도록 그 누구도 설득하지 못한다.

다. 지도력의 또 하나의 요소는 개념적인 면이다. 즉 지도자란 어떤 생각이나 이념, 대의명분에 깊이 감명을 받은 자라야 한다.

라. 대인관계 의 요소도 있다.

1) 훌륭한 지도자는 사상에 대한 관심과 아울러 사람들 개개인에 대한 관심 도 가져야 한다.

2) 어떤 사람이 과연 지도자인지를 판별하는 두 가지 질문이 있다.
(1) 첫 번째는 '실로 밤잠을 못 이루게 하는 것은 무엇인가?'
'당신을 충동질하는 것은 과연 무엇인가?'이다.

여기에 대해 각자의 생각들을 나누어 보라.

(2) 둘째로는 '당신과 함께 할 동역자들은 어디에 있는가?'이다.

여기에 대해 각자의 생각들을 나누어 보라.

만약 당신이 그들의 삶을 형성하고 있는 한 무리의 사람들을 지적해 낼 수 없다면 당신은 지도자가 아니다. 또한 당신의 원하는 바가 무엇인지 구체적이고 명확하게 규정지을 수 없는 정도라면 당신은 지도자가 아니다.

데살로니가전서 2:6-10을 보면서 바울의 지도자다운 면을 찾아보라.
(찾은 것을 서로 나누라)

살전 2:6-10 [6]또한 우리는 너희에게서든지 다른 이에게서든지 사람에게서는 영광을 구하지 아니하였노라 [7]우리는 그리스도의 사도로서 마땅히 권위를 주장할 수 있으나 도리어 너희 가운데서 유순한 자가 되어 유모가 자기 자녀를 기름과 같이 하였으니 [8]우리가 이같이 너희를 사모하여 하나님의 복음뿐 아니라 우리의 목숨까지도 너희에게 주기를 기뻐함은 너희가 우리의 사랑하는 자 됨이라 [9]형제들아 우리의 수고와 애쓴 것을 너희가 기억하리니 너희 아무에게도 폐를 끼치지 아니하려고 밤낮으로 일하면서 너희에게 하나님의 복음을 전하였노라 [10]우리가 너희 믿는 자들을 향하여 어떻게 거룩하고 옳고 흠 없이 행하였는지에 대하여 너희가 증인이요 하나님도 그러하시도다

바울은 복음을 전하려는 분명한 목표를 가지고 있었다(9절).
그는 또한 진심으로 그들을 사랑했다(7~8절).
그것을 위해 사랑의 수고를 아끼지 않았으며 본이 되는 삶을 살았다(9절).
그는 또한 개개인에게 관심이 있었다(7절).
그는 목표지향적이면서 동시에 사람지향적이었다.

## 2 목표가 분명한 사람이 되려면 어떻게 해야 할까?

아래 공부를 하기 전에 이 질문에 대해 서로 토론해 보라. 그리고 어느 정도 토론이 끝나면 아래 공부를 함께 하라.

## 가. 개인적인 확신 을 가지도록 해야 한다.

이것을 위해 가장 필요한 것이 무엇이라고 생각하는지 나누라.

1) 확신을 더하기 위해서는 우선 꾸준한 개인 성경연구 가 필요하다. 자신의 마음속에 하나님의 생각으로 가득 차게 될 때 확신을 갖게 된다.

2) 둘째, 묵상 곧 생각할 시간을 꾸준히 갖도록 하라.

3) 셋째, 꾸준한 인도하심 이 필요하다.

잠언 3:5~6에서 말씀하시기를 "너는 마음을 다하여 여호와를 의뢰하고 네 명철을 의지하지 말라. 너는 범사에 그를 인정하라. 그리하면 네 길을 인도하시리라"고 하셨다.

로마서 14:5에 "각각 자기 마음으로 확정할지니라"고 하셨다.
→ 사도바울은 여기에서 각자 하나님 앞에 옳은 확신을 가지고 마음을 확정해야 함을 강조한 것이다.

## 나. 당신의 전체 생활을 목표 에 맞추도록 해야 한다.

무슨 일을 성취해 내는 사람과 게으름을 피우는 사람과의 차이는 어떤 때에 '안됩니다'라고 해야 할지를 아느냐에 달려있다.

지도자란 결심은 어떻게 할 것이며 또 우선순위를 어디에 둘 것인지를 아는 사람인 것이다.

## 다. 개인 생활 계획을 엄격 하게 지켜야 한다.

'계획'이라는 말 속에는 절제 가 포함된다.

지도자는 목표를 가지며 이를 위한 계획이 필요하고 이 계획을 실천하기 위해서는 훈련되어야 하고 훈련은 절제를 포함한다.

개인 생활 계획은 개인적인 것이다. 어떤 형식이란 것이 없다. 다른 사람의 스케줄을 본 뜰 수도 없다. 나의 목표를 달성하는 데 별로 도움이 되지 않는 활동이라면 제외시키도록 하라.

## 라. 어려운 결단 을 기꺼이 하도록 하라.

"이 사람은 유능한 사람이다."라고 말할 때 실은 "이 사람은 의지적인 결단을 할 줄 아는 사람이다."라고 말하는 셈이다. "내가 그것을 하겠소. 그곳에 가겠소." 하는 식이다. 하나님의 말씀 가운데 권면의 말씀들은 대부분 명령형이다.

## 마. 사명감 이나 목적의식을 갖도록 하라.

민수기 13:33 거기서 또 네피림 후손 아낙 자손 대장부들을 보았나니 우리는 스스로 보기에도 메뚜기 같으니 그들의 보기에도 그와 같았을 것이니라

만약 당신 스스로를 메뚜기 같다고 여길 때 실제 당신은 그렇게 될 수 밖에 없다. 그러나 당신 자신을 하나님께서 예정해 놓은 사람으로 여기게 될 때 당신 지도력의 형태는 세상을 온통 변화시켜 버릴 것이다.

## 바. 아직 이루지 못했다는 긴장 속에서 사는 법을 배우도록 하라.

당신이 발전하면 더 발전하기 위해 새로운 목표를 세워야 한다. 그런 의미에서 당신이 진전하면 목표도 진전하기 때문에 계속 목표를 향한 긴장감이 뒤따르는 것은 좋은 것이다.

바울은 빌립보서 3장에서 "형제들아 나는 아직 내가 잡은 줄로 알지 아니하고 오직 한 일 즉 뒤에 있는 것은 잊어버리고 앞에 있는 것을 잡으려고 푯대를 향하여 그리스도 예수 안에서 하나님이 위에서 부르신 부름의 상을 위하여 좇아가노라"고 했다.

영적인 면에서 볼 때 어려운 문제는 성장을 하는 데 꼭 필요한 필수 요소이다. 역경이란 영적 진보를 의미한다.

## 사. 힘겹게 보다는 지혜롭게 하도록 하라. 분주히 활동하는 것과 일을 성취하는 것, 이 두 가지의 차이점을 깨달아야 한다.

# 지도력 (연구문제)

1. 당신 생애의 전반적인 목표는 무엇인가?

깨어 활동하는 시간의 몇 퍼센트나 이 목표에 도움이 될 활동을 하는 데 사용하고 있는가?

당신이 현재 하고 있는 활동 가운데 목표를 위해 그만두어야 할 활동이 있는가?

목표를 위해서 새롭게 시작해야 할 활동이 있는가?

2. 경수는 현철의 사무실로 갔다. 현철은 매우 근심스런 표정으로 책상 뒤편에 앉아 있었다. 현철이 "앉게"라고 했다. 그리고 현철은 "아, 머리가 왜 이렇게 아플까? 일이 자꾸 쌓이고 있는 것 같아. 옛 계획을 따라서 일을 끝내지도 않았는데 사장은 매일 같이 새로운 것을 떠맡기고 있지. 오 맙소사! 일이 쌓일수록 두통이 심해지는군. 더욱이 우리 직원 가운데 한 사람을 해고해야 할지 그냥 두어야 할지 결정도 해야 하네. 그 친구는 잘못만 저지르고 있어. 하지만 나 혼자서 해고시킬 수도 없거든"

현철의 문제를 어떻게 분석하겠는가?

분주하지만 지혜롭게 일처리를 잘 못하고 있다; 결단력도 부족하다. (해고 문제); 누군가를 이끄는 지도자라기보다는 자신의 문제도 잘 해결하지 못하는 사람으로 보인다.

경수가 현철에게 줄 수 있는 조언은 무엇인가? (각자의 의견을 나누라)

# 지도력 개발

– 개 관 목 적 –

영향력이 있는 지도력의 여러 가지 개념들을 보여준다.

## 학 습 목 표

이 강의가 끝날 때 당신은,

1. 지도하기를 정의할 수 있다.
2. 다른 사람을 지도하는 데 필요한 원리들을 최소한 다섯 가지는 말할 수 있다.
3. 그들의 개인적인 지도력에서 부족한 세 가지 영역과 그들이 하게 될 세 가지 개선점을 말할 수 있다.

# 1 서론

## 가. 지도하기란 무엇인가?

디모데전서 3:1을 읽고 이 말씀이 무엇을 가르치고 있는지 말해 보라.

딤전 3:1 미쁘다 이 말이여, 곧 사람이 감독의 직분을 얻으려 함은 선한 일을 사모하는 것이라

→ '미쁘다'는 신뢰할만한 말이라는 의미이다.
이 말씀에는 2가지의 뜻이 있다.
(1) 교회에서 감독(교회 리더의 직분을 가리킨다; 장로와 비슷한 의미이다)의 직분을 얻으려고 하는 것은 좋은 일이라는 뜻이다. 즉, 영적인 리더십을 추구하는 것은 옳은 일이다.
(2) 그것은 또한 선하고 고상한 일이므로 그렇게 할 것을 격려하고 있다.

지도한다는 것 은 사람으로 효과적인 행동을 하게 하는 것이다.
또한 다른 사람들을 생산적인 사람이 되게 하는 동기부여의 기술을 개발하는 것이다. 한 지도자에 대한 테스트는 그가 한 일이 아니라 그가 한 일의 결과로 다른 사람들이 한 일을 통해 할 수 있다.

## 나. 당신의 지도력을 개발하라.

느헤미야 2:17-18과 4:14-15을 읽고 다음을 답해 보라.

느 2:17-18 [17]후에 그들에게 이르기를 우리가 당한 곤경은 너희도 보고 있는 바라 예루살렘이 황폐하고 성문이 불탔으니 자, 예루살렘 성을 건축하여 다시 수치를 당하지 말자 하고 [18]또 그들에게 하나님의 선한 손이 나를 도우신 일과 왕이 내게 이른 말씀을 전하였더니 그들의 말이 일어나 건축하자 하고 모두 힘을 내어 이 선한 일을 하려 하매

느 4:14-15 [14]내가 돌아본 후에 일어나서 귀족들과 민장들(officials)과 남은 백성에게 말하기를 너희는 그들을 두려워하지 말고 지극히 크시고 두려우신 주를 기억하고 너희 형제와 자녀와 아내와 집을 위하여 싸우라 하였느니라 [15]우리의 대적이 우리가 그들의 의도를 눈치챘다 함을 들으니라 하나님이 그들의 꾀를 폐하셨으므로 우리가 다 성에 돌아와서 각각 일하였는데

위의 말씀에서 느헤미야는 어떤 역할을 했는가?

느헤미야는 백성들에게 목표를 뚜렷이 제시하고 그들이 무엇을 해야 하는지 분명한 동기부여를 했다(2장). 또한 백성들에게 위협에 굴하지 말고 믿음을 가지고 적들과 대적하여 싸울 것을 종용했다(4장).

느헤미야의 리더십의 결과는 무엇인가?

하나님께서 적들의 꾀를 폐하심으로 다시 성벽 건축에 전념할 수 있게 되었다.

느헤미야는 어떤 리더십을 가졌는가?

그는 목표를 뚜렷이 알고 어떤 어려움에도 절대 굴하지 않으며 백성들로 하여금 믿음을 가지도록 격려하는 강한 리더십을 보여주었다.

이제, 우리가 어떻게 느헤미야와 같은 리더십을 개발할 수 있는지를 생각해 보자.

## 2 지도력을 개발하는데 필요한 원리

### 가. 크게 영향을 미치라.

1) 지도력은 가르치기 보다는 전염되는 것 이다.

전염성이 많은 사람이 되라. 지도자는 마치 전염병을 가진 사람처럼 가는 곳마다 그 병을 퍼뜨리는 사람과 같다. 지도력이란 가르치는 것보다 더 많이 전염시키는 것이다.

그러므로 당신은 인간관계를 강화시켜야 한다. 당신이 사람들과 친해질수록 전염성은 더 커진다.

이것은 당신이 감염시키고자 하는 어떤 것을 가지고 있다는 전제 조건이 필요하다.

2) 요한복음 4장 – 사마리아 여인

예수님은 사마리아 여인에게 어떤 영향을 미쳤나?

그녀는 주제로부터 벗어나 신학적인 논쟁으로 예수님을 끌어들이려고 했다. 그러나 예수님은 그녀의 정곡을 찌르셨다 ("가서 네 남편을 불러오라" 16절).
25절에서 그녀는 "메시야 곧 그리스도라 하는 이가 오실 줄을 내가 아노니 그가 오시면 모든 것을 우리에게 알려 주시리이다"라는 질문에 대해 26절에서 예수님은 "네가 말하는 내가 그로라"고 가르쳐 주셨다.

그의 제자들이 돌아왔을 때, 그녀는 다른 무리들을 동기부여하기 위해 그 동네를 떠나갔다. 이 여자는 예수님과 만난 결과로써 동기부여자 가 되었다.
"내가 행한 모든 일을 내게 말한 사람을 와서 보라 이는 그리스도가 아니냐."
예수님은 좋은 리더이고 동기부여자이시다.

3) 사마리아 여인은 예수님에게 어떤 영향을 미쳤는가?

위의 사마리아 여인이 동네로 들어간 사이 제자들은 예수님께 음식을 권한다. "랍비여, 잡수소서" 그러나 그는 대답하신다. "내게는 너희가 알지 못하는 먹을 양식이 있느니라." 제자들이 생각할 수 있었던 것은 "누가 잡수실 것을 갖다 드렸는가?"였다. 34절에서 예수님은 "나의 양식은 나를 보내신 이의 뜻을 행하며 그의 일을 온전히 이루는 이것이니라."고 답하신다.

사마리아 여인이 자신이 발견했던 것을 다른 사람들에게 나누려는 반응과 갈망으로 인해 감격하셨기 때문에 육체적인 음식에 대한 식욕조차 잃어버리셨다.

당신이 다른 사람의 삶에 영향을 미쳐 영적인 일에 대한 그의 반응으로 인해 감격해서 식욕을 잃었던 때는 언제인가? (서로 나누는 시간을 가지라)

불행하게도, 우리들 대부분은 그릇된 일들로 인해 흥분된다. 우리는 사람들 보다는 일들로 인해 흥분한다.

4) **지도자는 비전 을 나눠주도록 위임받은 자이다**

'설교의 황제'라는 별명이 있었던 스펄전 목사는 한 청년을 만났다. 그 청년은 "스펄전 씨, 나는 하나님이 당신에게 맡기신 사역에 상당한 감명을 받았습니다. 당신이 설교하고 가르치는 하나님 말씀에 대한 청중들의 반응에 감명을 받았습니다. 그것은 바로 내가 하고 싶었던 것입니다. 내가 하려는 것에 대해 어떻게 생각하십니까?"

스펄전은 "젊은이, 당신은 가서 당신 자신에게 불을 붙이시오. 그러면 당신이 타고 있는 것을 보기 위해 사람들이 올 것이요."라고 말했다. 지도자는 자신이 가진 비전을 나눠주도록 위임받은 자이다.

## 나. 다른 사람들을 그들의 잠재성 측면에서 인식하라.

1) **사람들을 변화시키는 성령의 능력에 대해 철저한 확신을 가지라.**

2) **"예리한" 사람들을 찾는 것을 멈춰라. 하나님은 유용한(전심하는) 사람들을 찾으신다.**

사람들의 현재 처한 상황에서 그들을 보지 말라. 그들이 도달할 수 있는 잠재력을 바라보라. 우리는 흔히 예리한 사람을 기대한다. 반면에 하나님은 전심으로 일 할 수 있는 사람을 찾으신다.

## 다. 사람들을 개발하는 기술에 정통하라 - 그들을 교묘히 다루지 말라.

1) **탁월한 재능 을 개발시켜라 – 그것을 주저하지 말라.**

2) "이 사람이 나를 위해 무엇을 할 수 있는가"가 아니라 "내가 이 사람을 위해 무엇을 할 수 있는가?"를 물으라.

당신이 어떤 사람을 발굴할 때 당신의 목적은 그의 최대 잠재력을 개발하는 것이다. 어떤 사람의 은사들을 개발하기 위해 당신은 종이 되어야 한다. 중요한 것은 사람을 섬기는 일이다. 만일 당신이 그를 위해 어떤 일을 하려 한다면 그도 당신을 위해 어떤 일을 할 것이다.

달라스에서 있었던 일이다. 어떤 한 부자는 그리스도를 주로 알기 원했고 많은 기독교 단체에서도 그의 재력과 그가 쏟은 시간을 환영했다. 그러나 이 부자의 부부 생활은 곧 파탄이 났고 이혼했고 아들들은 약물 중독이 되어 있었다. 그 자신도 절망적인 알콜 중독자가 되어 있었다.

이 예에서 무엇이 문제인가?

(1) 사람들은 그의 재력에 관심이 있었다. 이것은 우리가 저지를 수 있는 가장 심각한 죄 중의 하나이다.

(2) 그의 주위에는 진정한 리더가 없었다. 그를 돌보아 주고 신앙 성장을 도와주고 그가 가진 것 (재력, 시간 등)을 개발시켜주는 사람보다는 그를 이용하려는 사람이 더 많았다. 진정한 리더는 "그가 나의 일에서 무엇을 공헌할 수 있는가?"가 아니라 "내가 그를 위해 무엇을 할 수 잇는가?"를 항상 물어야 한다. 나는 어떤 리더인가?

3) 성공적인 팀을 위한 세 가지 원칙 (사람들을 개발하기 위해)

(1) 그들에게 상황 을 부여하라.
(2) 그들에게 기본적인 것들 을 가르치라.
(3) 사람들을 개인 이 아닌 팀 으로 일하게 하라.

UCLA의 야구 코치였던 조 우든에 의하면 팀을 승리로 이끌기 위한 세 가지 원리가 있다. – 이러한 원리들은 다른 사람을 개발하도록 도울 때이도 매우 적절하다.

첫 번째, "팀에 상황을 부여하라."

이것은 시간이 걸린다! 조 우든은 게임의 상황을 의미한 것이다. 또한 게임과 게임 사이에 일어나는 일을 포함하는 것이라고 그는 말한다. 제자화의 측면에서도 여러 상황을 부여하는 것은 중요하다. 전도라든가 순장 훈련, 수련회, 단기선교, 금식기도, 기드온, 순례 전도 등 여러 상황 속에서 제자는 성장한다. 예수님도 여러 상황 속에서 제자들에게 가르치셨다.

두 번째, 사람들에게 기본적인 것들을 가르치라. 신앙생활에서 이것은 너무나 중요하다. 한 사람이 지도자로 성장하는 데에도 이것은 너무 중요하다. 누구나 기본기가 튼튼해야 한다.

세 번째, 사람을 개인으로서가 아니라 팀으로서 함께 일하게 하라. 당신은 사람들을 개인으로 모집하여 팀으로 훈련해야 한다. 성경에서 제자화 훈련을 일대일로 하는 경우는 매우 적다. 예수님이 한 사람에게 말씀하셨을 때, 그는 그룹 속에 있는 그 사람에게 말씀하셨고 그래서 그룹의 다른 사람들도 그것으로부터 교훈을 얻었다.
이런 의미에서 CCC의 모든 훈련은 당신을 리더로 키우기 위해 디자인이 되어 있다. 당신이 훌륭한 단체에 속한 것을 하나님께 감사하라.^^!

## 라. 자발적인 실행자 가 되라.

### 1) 다른 사람들이 당신을 방해하지 않게 하라.

자발적으로 계획을 시도하는 사람이 됨으로써 사람들을 동기부여하는 사람이 되어야 한다. 가장 큰 문제는 다른 사람을 동기부여하는 것이 아니라 다른 사람들이 당신을 포기하게 만들지 못하게 하는 것이다. "뭐 꼭 그렇게 해야 하나요?", "바쁜데 그럴 시간이 어디 있어요?" 등 당신을 포기하게 하는 터무니없는 사람들을 가까이 하지 말라. 인생이 너무 짧기 때문에 "오, 나도 한번 그것으로 인하여 흥분했었지요"라고 말하면서 살 수는 없다. 계속 흥분하면서 살고 또 그것을 실천하는 자가 되어야 한다.

### 2) 어떤 개인에 대해 너무 많은 통제와 너무 적은 통제를 할 위험성이 있음을 명심하라.

자발적으로 계획을 시도하는 사람들을 발굴하는 데 있어서, 한 개인에게 너무 많은 통제나 너무 적은 통제를 하게 되는 위험성이 있다. 항상 균형을 배워야 한다.

3) 항상 '무엇을 개발할 것인가?' 라는 질문을 하라.

중요한 질문은 "무엇을 개발할 것인가?"이다. 실수를 두려워하는 지도자는 본인이 많은 것을 하려는 경향이 있다. 그러면 상대방의 개발이 늦어진다. 우리의 임무는 빨리 탯줄을 끊는 것이다.

## 마. 그 사람의 전인격 에 사역하라.

1) 그 사람의 전인격 에 사역하라.

2) 눅 2:52 "예수는 지혜와 키가 자라가며 하나님과 사람에게 더욱 사랑스러워 가시더라"

예수는 지혜(정신적인 것)와 키(신체적인 것)가 자라가며 하나님(영적인 것)과 사람(사회적인 것)에게 더 사랑스러워 가시더라"고 기록되어 있다.

예수 그리스도는 한 인간으로서 인격적인 인생을 시작하셨다.

그는 인간의 삶, 전반적인 생활을 시작하셨다. 우리는 그 사람의 전 인격에 관심을 가져야 한다. 어떤 한 면이 아니다.

## 바. 따듯한 마음. 인간적인 흥미와 관심을 전달하라.

1) 누군가의 인생에 흘러들어가 예수 그리스도를 위해 그를 사랑하라.

2) 요일 4:9 "하나님의 사랑이 우리에게 이렇게 나타난바 되었으니 하나님이 자기의 독생자를 세상에 보내심은 그로 말미암아 우리를 살리려 하심이라."

3) 누구든 어떤 사역을 하고 있다면, 그것은 그가 사랑하는 것이고 그것에 마음을 쓰고 있기 때문이다.

따뜻한 마음으로 지도하라. – 개인적인 관심과 흥미를 가지라. 사랑에 근거한 행동에는 제한이 없다.

사랑으로 끄는 힘이 요일 4:19에 잘 표현되어 있다. "우리가 사랑함은 그가 먼저 우리를 사랑하셨음이라." 왜 우리는 예수님을 사랑하는가? 신이시기 때문에? 그럴 수도 있다. 그러나 그보다도 그분이 우리를 죽기까지 먼저 사랑하셨기 때문이다.

우리도 다른 사람들의 삶을 깊이 사랑해야 한다. 그것이 성경적인 지도자의 모습이다.

## 사. 구체적 헌신 을 얻으라.

1) 3중 헌신을 개발하라
(1) 예수 그리스도에 대한 전적인 헌신
(2) 순에 대한 헌신
(3) 그의 사역에 대한 헌신

지도력 면에서 마지막 원리는 구체적 헌신(3중의 행위)을 얻는 것이다. 누군가에게 혹은 그가 같이 배우고 있는 순원들에게 하나님이 그를 불러 주시고 그것을 위해 그에게 재능을 부여하신 사역에 전심으로 헌신하게 하라.

2) 헌신의 시기에서 타이밍은 매우 중요하다.

(1) 여러 번 예수님은 누군가에게 돌아가라고 말씀하였다.

→ 니고데모를 기억하는가? 그에게는 따라오라 하지 않고 오히려 어려운 도전을 함으로 돌아가게 만들었다.

(2) 사람들은 소속되어 무엇이든지 할 수 있는 자리에 있을 필요가 있다.

헌신의 시기에서 타이밍은 매우 중대하다.

당신은 절대로 시기상조의 결정들을 재촉하지 말라.

예수님은 자신을 따르도록 다른 사람들을 설득하셨다. 그분은 12명의 무리를 택하셨다. 그때 그들은 타이밍을 미루지 않고 예수님을 따랐다. 그들 중 하나는 자기 선택의 희생자였다. 왜냐하면 그분은 기계가 아닌 인간을 다루셨기 때문이었다. 인간은 진리에 직면할 때 언제나 그 자신의 선택권을 가지고 있는데 유다는 자기 길을 선택했다. 그러나 나머지 11명은 매우 소중한 것을 남겼다. 예수 그리스도는 그들에게 "아무든지 나를 따라 오려거든 자기를 부인하고 날마다 제 십자가를 지고 나를 좇을 것이니라"고 말씀하셨다.

세상 이방인들은 그들을 "천하를 어지럽게 하던 이 사람들이 여기도 이르렀다"라고 말했다. 11명의 배우지 못한 그들은 신학교에 가본 적도 어떤 심오한 교육을 받은 적도 없었다. 그들이 압도적으로 재능을 부여받은 것도 아니었지만 그들은 개발되어 그리스도를 위해 그들의 세상을 움직인 사람들이 되었다.

## 아. 실천사항

**당신 자신의 개인적인 지도력에서 세 가지의 부족한 영역을 말하라. 이 강의에 근거하여 당신이 향상시킬 수 있는 세 가지 개선 방법을 말하라.**

1)

2)

3)

**여기에 인용된 글들은 달라스 신학교에서 기독교 교육학의 교수이며 학장이었던 하워드 핸드릭스 박사가 전개하고 주장했던 강의에서 발췌한 것임을 밝혀둔다. 그는 그리스도인을 주제로 많은 연설을 한 뛰어난 전달자이다.

## 질문을 연구하라.

회사의 구직신청서 평가자의 입장이 되어 당신의 구직신청서를 평가한다고 상상해 보라.

1. 당신의 신청서가 구체적으로 보여줬을 법한 당신의 장점은 어떤 것들이 있겠는가?

2. 당신의 신청서가 구체적으로 보여줬을 법한 당신의 단점은 어떤 것들이 있겠는가?

3. 당신은 당신이 지금 하고 있는 것을 할 수 있다는 "잠재력"을 어떻게 보여줄 수 있다고 생각하는가?

4. 다른 사람의 잠재력을 발견한다는 점에서 현재 제자화하고 있는 사람들 중에서 또는 나의 지도를 받고 있는 사람들 중에서 한 사람의 잠재력이 무엇인지 당신이 느끼는대로 간단히 기록하라.

# 즉석퀴즈

이름 : ____________________　　　　점수 : ______________ (100 점만점)

## 다른 사람들을 다루는 기술 – 지도하기

1. 열거하기 (각 10점)
   지도력의 다섯 가지 원리들을 열거하라.

   가. 크게 영향을 미치라.

   나. 다른 사람들을 그들의 잠재성 면에서 인식하라.

   다. 사람들을 개발하는 기술에 정통하라 – 그들을 교묘히 다루지 말라.

   라. 자발적인 실행자가 되라.

   마. 그 사람의 전 인격에 사역하라.

2. 빈칸을 채우라 (각 10점)
   (각각 5점씩, 25점)

   가. 지도한다는 것은 사람들이 효과적인 행동을 취하게 하는 것이다.

   나. 지도력은 가르치기 보다는 전염되는 것이다.

   다. "예리한" 사람들을 찾는 것을 멈추라. 하나님은 유용한 사람들을 찾으신다.

   라. 항상 "내가 이 사람을 위해 무엇을 할 수 있는가 ?"라는 질문을 하라.

   마. 누구든 어떤 사역을 가지고 있다면 그것은 그가 사랑하는 것이고 그것에 마음을 쓰고 있기 때문이다.

순장 리더십 개발 교재

# 멋진 나

# 멋진 나

1과 첫사랑을 회복하기 144

2과 당신을 위한 하나님의 꿈을 발견하는 방법 I 158

3과 당신을 위한 하나님의 꿈을 발견하는 방법 II 188

4과 품격 있는 데이트 204

5과 모범이 되기 216

6과 사랑스럽지 않은 사람들을 사랑하기 236

7과 남녀 차이 존재하는가? 246

8과 선한 양심을 지키기를 배움 256

## 1 과

# 첫사랑을 회복하기

-개 관 목 적-

이 과의 목적은 당신이 하나님과의 관계 가운데 즐거워 할 수 있는 방법을 이해하도록 돕는 것이다.

## 학 습 목 표

이 과가 끝날 때 당신은,

1. 당신의 첫사랑을 잃어버리게 된 기본적인 원인을 설명할 수 있다.
2. 하나님께서 현재 당신의 삶 가운데 채워주시는 개인적 필요를 말할 수 있다.
3. 하나님께서 당신의 삶에서 행하시는 모든 것으로 인해 그분을 찬양하며 기뻐할 수 있다.

인사하라.
찬양 1곡을 인도하라.(선택)

기도로 시작하라.
개관목적과 학습목표를 함께 읽으라.

우리가 종종 주님과 사랑의 관계를 계속해 가는 것이 어려운 이유는 무엇일까? 어떤 이유들이 있을까? 서로 나누라.

## 1 왜 우리는 첫사랑을 잃어버리게 되는가?

"왜 우리는 첫사랑을 잃어버리게 될까? 성경을 읽지 않아서 일까? 불순종 때문일까? 기도나 전도를 하지 않기 때문일까? 사실 결혼관계도 그렇다. 시간이 지나면 부부관계가 처음과 같지 않다는 말을 많이 한다. 왜 그럴까?" (잠시 의견을 들으라.)

### 가. 모든 좋은 일들을 하지만 여전히 영적으로 냉랭할 수 있다.

우리는 교회도 가고 십일조도 하고 바쁘게 신앙생활을 하지만 영적으로 냉랭할 때가 있다.

부부관계도 마찬가지이다. 서로 청소와 집안일을 도와주고 생일도 챙겨주며 많은 좋은 일들을 하지만 무미건조할 때가 있다. 왜 그럴까?

## 나. 우리는 종종 성공하거나 풍족해지면 자만심을 가지게 된다.

우리가 하나님 앞에 겸손이 없어지고 더 이상 그분의 필요 를 느끼지 못 할때 우리는 첫사랑 의 관계를 잃어버리게 된다.

먼저 이스라엘 백성들의 사례연구를 보고 우리에게 적용해 보자.

## 다. 사례: 이스라엘 민족은 하나님과의 관계가 자주 흔들렸다.

이스라엘 민족이 애굽에서 나와 홍해를 건넜을 때를 생각해 보자. 그들은 주님 앞에서 절실함과 갈급함을 느끼며 겸손하게 약속의 땅을 향한 여정을 시작했다.

그들은 음식이나 일상의 필요한 것들도 갖고 있지 않았다. 그들이 이집트 군대에 멸망당할 위기에 놓였을 때 자신들의 완전한 무능력을 깨달았다. 그리고 하나님을 의지했을 때 구원의 기적과 감격을 맛보았다. 그들은 과거 어느 때보다도 더욱 분명하게 하나님의 모든 것을 보고 그분을 경외하게 되었다.

그러나 이스라엘 백성들이 그들의 약속된 땅에 가까웠을 때 하나님께서는 그들에게 경고의 말씀을 하셨다.

### 1) 신명기 8:7-14a를 읽으라.

신 8:7-14a 7네 하나님 여호와께서 너를 아름다운 땅에 이르게 하시나니 그 곳은 골짜기든지
산지든지 시내와 분천과 샘이 흐르고 8밀과 보리의 소산지요 포도와 무화과와 석류와 감람나
무와 꿀의 소산지라 9네가 먹을 것에 모자람이 없고 네게 아무 부족함이 없는 땅이며 그 땅의
돌은 철이요 산에서는 동을 캘 것이라 10네가 먹어서 배부르고 네 하나님 여호와께서 옥토를
네게 주셨음으로 말미암아 그를 찬송하리라 11내가 오늘 네게 명하는 여호와의 명령과 법도와
규례를 지키지 아니하고 네 하나님 여호와를 잊어버리지 않도록 삼갈지어다 12네가 먹어서 배

부르고 아름다운 집을 짓고 거주하게 되며 [13]또 네 소와 양이 번성하며 네 은금이 증식되며 네 소유가 다 풍부하게 될 때에 [14]네 마음이 교만하여 네 하나님 여호와를 잊어버릴까 염려하노라

2) 위의 말씀을 읽고 이스라엘 백성과 하나님과의 관계가 흔들렸던 이유를 설명해 보라.

(1) 풍요롭고 배부르게 되자 하나님 앞에 절실함과 간절함이 없어지기 시작했다.

(2) 누가 이런 풍요를 주셨는지 망각하기 시작했다.

(3) 마음이 교만해지기 시작했다.

(4) 곧 하나님 여호와를 잊어버리기 시작했다.

이러한 일들이 일어날 것을 하나님은 경고하신 것이다.

3) 신명기 8:17-20을 읽으라.

신 8:17-20 [17]그러나 네가 마음에 이르기를 내 능력과 내 손의 힘으로 내가 이 재물을 얻었다 말할 것이라 [18]네 하나님 여호와를 기억하라 그가 네게 재물 얻을 능력을 주셨음이라 이같이 하심은 네 조상들에게 맹세하신 언약을 오늘과 같이 이루려 하심이니라 [19]네가 만일 네 하나님 여호와를 잊어버리고 다른 신들을 따라 그들을 섬기며 그들에게 절하면 내가 너희에게 증거하노니 너희가 반드시 멸망할 것이라 [20]여호와께서 너희 앞에서 멸망시키신 민족들 같이 너희도 멸망하리니 이는 너희가 너희의 하나님 여호와의 소리를 청종하지 아니함이니라

(1) 이 성경본문의 핵심문제는 무엇인가?

이스라엘 백성들은 자신들의 능력과 힘으로 모든 것을 얻었다고 믿기 시작했다.

능력을 주신 분을 잊고 과신하기 시작했다.

(2) 그 대가는 무엇이라고 여호와께서 경고하시는가?(19, 20절 참고)

반드시 멸망이다.

멸망시킨 민족들 (가나안 족속들)처럼 멸망할 것이다.

불행하게도 이스라엘 백성들은 교만해져서 그들을 약속의 땅까지 인도하신 분이 주님이심을 잊었다. 그리하여 그들은 역사 속에서 그 결과의 맛을 보아야 했다.

**4) 우리는 이스라엘 백성들과도 같다. 우리는 그분이 필요하다 는 생각으로 그리스도 앞에 나오지만 모든 것이 풍족할 때는 그가 해 주신 것을 잊는다 .**

(1) 처음 그리스도를 믿었을 때 우리는 죄 용서와 구원으로 인해 기뻐했다. 그분께서 매일의 필요를 채워주심을 믿고 감사했다.

(2) 그러나 점점 그분을 당연시하며 감사하는 마음이 줄어들면서 조금이라도 나의 요구를 들어주지 않는다고 생각될 때는 섭섭해 하고 원망하며 급기야는 불만을 품게 된다.

(3) 어느덧 기도가 형식적이 되고 내 자신이 많은 일들을 알아서 헤쳐 나간다. 비그리스도인과 그리스도인이라는 명칭만 다를 뿐이지 믿지 않는 자와 똑같은 삶을 살아간다.

(4) 하나님과 함께하고 그분을 섬기며 다른 사람들에게 그분을 알리고자 하는 마음이 둔해지기 시작한다. 오히려 그런 영적인 요구를 부담스러워 하기 시작한다. 우리는 첫사랑을 잃게 된다. 이스라엘 백성들과 무엇이 다른가!

그렇다면 우리가 이스라엘 백성들처럼 흔들리지 않고 하나님과의 관계를 유지할 수 있는 비결은 무엇이라고 생각하는가?

**5) 우리가 하나님과의 관계를 유지할 수 있는 방법은 무엇일까?**

먼저 몇 사람에게 자신의 생각을 나누어 보게하고 신명기 말씀을 중심으로 아래 내용을 나누라.

(1) 하나님 여호와 를 기억해야 한다 : 신명기에 따르면 먼저 그분이 어떤 분이신지 기억해야 한다. (신 8:18a, "네 하나님 여호와를 기억하라…")

(2) 그분이 하신 일 을 기억해야 한다 : 신명기 말씀에 따르면 "그가 네게 재물 얻을 능력을 주셨음"을 기억해야 한다(신 8:18b). 우리는 때로 내가 열심히 일해서 재물을 얻었는데 무슨 소리냐고 할 수 있다. 그러나 신명기의 말씀은 재물 얻을 능력을 주신 분도 하나님이심을 기억하라고 가르친다.

6) 하나님께서는 어떻게 우리와의 관계를 지속시켜 가시는가?

하나님께서도 우리와의 관계를 지속시키기 위해 애쓰신다.

(1) 고후 12:9-10을 읽으라.

고후 12:9-10 9나에게 이르시기를 내 은혜가 네게 족하도다 이는 너 능력이 약한 데서 온전하여짐이라 하신지라 그러므로 도리어 크게 기뻐함으로 나의 여러 약한 것들에 대하여 자랑하리니 이는 그리스도의 능력이 내게 머물게 하려 함이라 10그러므로 내가 그리스도를 위하여 약한 것들과 능욕과 궁핍과 박해와 곤고[어려움]를 기뻐하노니 이는 내가 약한 그 때에 강함이라

(2) 위의 말씀에서 하나님이 쓰신 방법은 무엇인가? (9절)

사도바울이 원하는 것을 다 들어주시지 않았다.

(3) 하나님이 그렇게 하신 이유는 무엇인가? 그 대신 사도바울에게 준 것은 무엇인가? (9절)

인간이 약할 때 하나님의 능력이 온전히 드러나기 때문이다.

하나님께서는 대신 그에게 은혜로 채워주셨다.

(4) 신앙생활의 역설이지만 자신의 경험을 통해 사도바울이 배운 비결은 무엇인가?

a. 사도바울은 자신의 능력 이 약함으로 오히려 더 온전하여 진다 는 진리를 배웠다.

b. 그러므로 그는 자신의 약함 을 자랑 하게 되었다.

당신은 자신이 부족할 때 그것이 자랑스러운가?
말을 잘 못하거나 외모가 출중하지 않거나 재주가 뚜렷이 없거나 몸이 약하거나 학벌이 좋지 않거나 재력이 없어도 자긍심을 가질 수 있겠는가?
사도바울은 그런 것들을 오히려 자랑스럽게 여겼다.

c. 그래야 그리스도의 능력 이 자신에게 머물게 된다는 것을 깨달았다.

(5) 9절의 경험을 통해서 사도바울은 10절에서 새로운 통찰력을 얻게 되었다. 그것은 무엇인가?

a. 사역자로서 사도바울이 가장 견디기 힘든 것은 "약한 것들과 능욕과 궁핍과 박해와 곤고(곤란을 겪는 것)"일 것이다.
당신이 약할 때, 능력이 없을 때 기뻐 할 수 있겠는가? 주님의 제자로 박해를 받을 때, 스트레스를 받을 때 좋겠는가? 복음 때문에 박해와 곤고를 받는다면 견딜 수 있겠는가? 누구나 이런 것을 반기는 사람은 없다.

b. 그러나 사도바울은 그러한 환난 을 기뻐할 수 있는 영적 원리 를 배웠다.

c. 환난을 기뻐할 수 있는 이유는 그래야만 신앙 이 건강해지며 진실된 의미에서의 강한 믿음 의 사람이 될 수 있기 때문이다: "이는 내가 약한 그때에 강함이라 (For when I am weak, then I am strong)"

이 말씀은 내가 약할 때에 그리스도의 힘이 역사하여 내가 그분의 힘으로 강해짐을 의미한다. 역설적으로 내가 약할수록 나는 능력 있는 신자, 능력 있는 주님의 제자, 능력 있는 순장이 될 수 있다. 그분의 힘이 나를 통해 역사하시기 때문이다.

d. 사도바울이 깨달은 이런 다이내믹한 영적관계가 있을 때 하나님과의 첫사랑은 영원히 식지 않는 것이다. 오히려 날마다 더 _뜨거워_ 질 수 있다.

7) 겸손은 하나님 없이 우리가 완전히 _아무것도 아님_ 을 아는 것 혹은 얼마나 우리가 전적으로 그분을 _필요로_ 하는지를 자각하는 것으로 설명할 수 있다.

8) 겸손한 사랑은 자신의 _연약함_ 을 하나님을 신뢰하는 기회로 여기고 기뻐하는 비결을 배운 사람이다.

고통은 우리를 하나님께 가까이 가도록 만든다. 불안정도 우리를 하나님께 가까이 이끈다.

부적합, 실패, 괴로움, 두려움, 물질적 및 육체적 어려움, 이 모든 것은 우리가 그분을 더욱 가까이 매달려야 한다는 것을 뚜렷이 알려준다.

## 2 첫사랑을 유지하기 위해서 하나님께서 우리에게 기대하시는 것은 무엇인가?

### 가. 말씀 공부

미 6:8 사람아 주께서 선한 것이 무엇임을 네게 보이셨나니 여호와께서 네게 구하시는 것은 오직 정의를 행하며 인자를 사랑하며 겸손하게 네 하나님과 함께 행하는 것이 아니냐

미가서 6:8 에서 선지자는 하나님의 메시지를 분명하게 말한다.

### 나. 미가서 6:8의 핵심 메시지를 적으라.

1) 정의 를 행함

다른 사람들을 다룸에 있어서 정의를 행하라는 것이다.

2) 인자(mercy) 를 사랑함

자비를 베풀라는 의미이다. '인자'란 '헤세드'라는 히브리어 단어로 충성되게 사랑과 친절을 베풀라는 의미이다. 다른 사람의 필요에 민감한 하나님의 백성이 되라고 요구하고 계신다.

3) 겸손하게 하나님과 함께함

하나님 앞에서 교만하지 않고 하나님과 교제하는 것을 의미한다.

## 다. 질문

다음을 답해보라. 잠깐 시간을 준 후 서로 나누라.

1) 하나님과 겸손하게 함께 함의 의미는 무엇이라고 생각하는가?

참고: 위의 미가서 6:8의 3가지 핵심 메시지는 서로 연결되어 있다. 정의를 행하는 것이 결국 인자를 사랑하는 것이며 그것이 바로 겸손하게 하나님과 함께 행하는 방법이다. 그러니까 위의 세 가지의 핵심 메시지를 실천하는 것이 '겸손히 행한다'는 의미이다.

2) 우리가 겸손하게 하나님과 함께 하지 못하게 막는 것은 무엇인가?

3) 미가서의 말씀에 따르면 우리는 왜 첫사랑을 유지하지 못하는가?

(1) 하나님의 말씀대로 살지 않고 나태해져서 육신 이 원하는 대로 살기 때문이다.

(2) 정의를 실현하지 않고 남의 필요에 둔감해지며 세상살이에 지치고 이기적으로 생각하다 보니 지상명령성취라든가 복음 과는 거리가 멀게 살기 때문이다.

(3) 이런 생활이 하나님과의 교제를 멀어지게 하는 지름길인 것이다.

4) 그렇다면 우리는 어떻게 첫사랑을 유지할 수 있는가?

(1) 미가서의 말씀대로 우리의 삶이 하나님이 원하시는 정의 를 실현하는 삶이 되어야 한다.

올바른 삶이 중요하다.

(2) 그렇지 않으면 하나님과의 다이나믹한 관계, 살아있는 관계는 결코 유지될 수 없다.

## 3 첫사랑의 회복을 위해 하나님은 어떻게 하시는가?

### 가. 이사야 30:18

말씀을 읽으라.

사 30:18 그러나 여호와께서 기다리시나니 이는 너희에게 은혜를 베풀려 하심이요 일어나시리니 이는 너희를 긍휼히 여기려 하심이라 대저 여호와는 정의의 하나님이심이라 그를 기다리는 자마다 복이 있도다

### 나. 위의 말씀에 따르면 우리는 어떻게 해야 하는가?

1) 여호와는 돌아오기를 기다리신다: 우리에게 은혜와 긍휼을 베푸시기 위해 기다리신다. 회복의 기회를 주신다.

2) 여호와는 우리를 긍휼히 여기신다.

3) 그러므로 우리도 이러한 하나님을 신뢰하고 회복하도록 해야 한다.

4) 두려워 하지 말고 우리가 이 교재에서 배운 것을 기초로 첫사랑을 회복할 뿐만 아니라 유지해야 한다.

5) 사도바울은 "달려가는 날"을 마칠 때까지 첫사랑을 유지했다. 그에게 그것이 쉬웠다고 생각하는가? 그렇지 않다. 그는 운동선수처럼 계속적으로 연단하며 열심히 살았다. 부부관계도 노력해야 행복하듯이 우리와 하나님과의 관계도 그러하다.

그러나 다음의 원리도 기억하라.

다. 첫사랑을 회복하는 것은 우리의 일이 아니라 하나님 의 일이다.
우리가 해야 할 유일한 것은 하나님께 완전하고 끈기 있게 전적인 신뢰로 말씀에 순종 하는 것이다.

우리도 노력해야 하지만 동시에 하나님이 하신다. 그분을 신뢰하고 기다리는 것 또한 믿음의 자세이다.

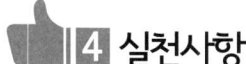

## 4 실천사항

가. 당신이 홀로 있을 수 있는 장소로 가라.

나. 찬양, 경배 및 열린 마음의 기도로 시작하라.

다. 당신의 모든 생활 영역에서 하나님께 매달리도록 하기 위해 하나님께서 사용하시는 것들을 아래 여백에 적어 보라.

라. 다음 성구들을 묵상하라.

빌 1:6 너희 안에서 착한 일을 시작하신 이가 그리스도 예수의 날까지 이루실 줄을 우리는 확신하노라

빌 2:13 너희 안에서 행하시는 이는 하나님이시니 자기의 기쁘신 뜻을 위하여 너희에게 소원을 두고 행하게 하시나니

롬 5:3-5 [3]다만 이뿐 아니라 우리가 환난 중에도 즐거워하나니 이는 환난은 인내를, [4]인내는 연단을, 연단은 소망을 이루는 줄 앎이로다 [5]소망이 우리를 부끄럽게 하지 아니함은 우리에게 주신 성령으로 말미암아 하나님의 사랑이 우리 마음에 부은 바 됨이니

롬 8:28 우리가 알거니와 하나님을 사랑하는 자 곧 그의 뜻대로 부르심을 입은 자들에게는 모든 것이 합력하여 선을 이루느니라

## 마. 하나님께서 당신이 하나님께 더욱 매달리도록 당신의 생활속에서 사용하시는 모든 것들을 감사하라.

아래 교재에 있는 도표를 채우라. 각 란에 하나님께서 여러분의 생활영역 가운데 그분께 매달리도록 하기 위해 사용하시는 모든 것들을 감사하라. 여러분의 필요를 채워주고 여러분의 인격을 세워주는 하나님의 사랑과 헌신을 볼수록 그분에 대한 여러분의 사랑의 반응은 커질 것이다.

질문들에 답하라.

잠시 도표를 채운 후 시간이 허락되는 대로 서로 내용을 나누라.

감사의 기도로 마치라. 대화식 기도도 좋다.

내가 하나님께 매달리도록 만드는 것

| 영역 | 내용 |
|---|---|
| 신체적 | 예:나는 체중과 식사습관에 그분을 신뢰해야 한다. |
| 영 적 | 예:나는 전도하는데 담대하고 능력이 있도록 그분을 신뢰해야 한다. |
| 감정적 | 예:나는 기분이 쉽상하기 때문에 그분을 신뢰해야 한다. |
| 심리적 | 예:나는 나의 일들을 잊지 않도록 그분을 신뢰해야 한다. |
| 사회적 | 예:나는 처음 만나는 사람 앞에서 편안함을 느끼도록 그분을 신뢰해야 한다. |

# 당신을 위한 하나님의 꿈을 발견하는 방법 I

## How to Capture God's Dream for Your Life

**- 개 관 목 적 -**

**이 과의 목적은 당신이 당신을 위한 하나님의 꿈을 발견할 수 있도록 돕는 것이다.**

## 학 습 목 표

이 과가 끝날 때 당신은,

1. 꿈이 있는 자와 꿈이 없는 자의 차이를 말할 수 있다.
2. 세상을 향한 하나님의 꿈을 말할 수 있고 그것이 개개인을 위한 하나님의 꿈에 어떻게 관련되는가를 설명할 수 있다.
3. 당신을 위한 하나님의 꿈을 발견하는 원칙들을 설명할 수 있다.

이 과는 상당히 길므로 2-3번에 걸쳐 나누어 공부하는 것도 좋다. 어디에서 어떻게 나눌 것인가를 계획하면서 시작하라.

이 과에서는 우리는 우리에 대한 하나님의 꿈을 발견하는 원칙들에 대해 토의할 것이다.

순원들이 학습목표를 읽게하라.

## 1 서론

### 가. 꿈이 있는 자와 꿈이 없는 자에 대한 실례

다음의 예나 혹은 당신 자신의 유사한 경험으로 순모임을 도입해도 좋다.

예화 1

다음은 어떤 사람의 경험담이다.
"나는 대학원에서 공부하고 있을 때 내 친구가 다니는 교회에 다녔습니다. 그 교회 목사님은 주일 예배가 끝나면 매번 나를 그의 집으로 초대했습니다. 우리는 저녁 식탁에서 여러 가지 어려운 문제들을 이야기하곤 했습니다. 그 목사님은 교회 성도들의 감소, 성도들의 불신임, 재정적인 문제 등으로 어려움을 겪고 있었습니다.
식사 후에는 우리는 텔레비전을 시청하거나 카드놀이를 했습니다. 저녁 늦게야 나는 다음 주 공부를 위해서 떠나오곤 했습니다.

예화 2

그런데 목사님 댁을 떠난 후에 나는 항상 의기소침해지고 염세적인 감정이 나를 사로잡았으며 한주 내내 부정적이 되곤 했습니다.

"한편 나는 그리스도인이 된 초기부터 또 다른 목사님을 알고 있었습니다. 내가 기억하기로는 그분이 처음 그의 목회를 시작하신 즈음 어느 날 나는 교회 뒷좌석에 앉아 있었습니다. 그 당시 그 교회는 약 100여명이 모이는 작은 교회였습니다. 하지만 목사님은 전 시내를 복음화 할 계획을 세우자고 말씀했습니다. 몇 년이 지나 그 교회는 5,000명이 넘는 회중으로 성장했습니다.

매년 여름 내가 대학에서 돌아오면 목사님과 점심을 함께하곤 했습니다. 그는 전국적인 텔레비전 프로그램과 환자들의 '완치'를 위한 요양소 건축에 관한 그의 비전을 들려주었습니다. 나눔을 마치고 돌아올 때마다 내 마음은 기대감이 넘쳤습니다. 어느 것도 불가능하게 보이지 않았습니다."

여러분은 어떤 목사님과 함께 하겠는가?

서로 의견을 나누라.

우리들 각자는 이와 같은 사람들을 만났고 교제를 해 본 경험들이 있을 것이다. 소위 그들을 가리켜 '꿈이 있는 자' 와 '꿈이 없는 자'라 할 수 있다.

순원들에게 꿈이 있는 사람으로 기억되는 몇몇 분들의 이름을 기록해 보도록 하라.

### 나. 내가 알고 있는 꿈이 있는 사람들

순원들에게 잠시 시간을 주어 각자가 기록한 꿈이 있는 사람에 대해 나누게하라.

이제, '꿈이 있는 자'와 '꿈이 없는 자'의 특징을 비교해 보자.
어떤 특성들이 있을까? 먼저 꿈이 있는 자의 특성은 무엇일까?
한가지씩만 나누어 보라. (다음을 하기 전에 서로 나누는 시간을 가지라)

## 2 꿈이 있는 자와 꿈이 없는 자의 비교

우선 꿈이 있는 자의 특성을 보자.

### 가. 꿈이 있는 자의 특성

1) 그는 삶에 대해 권태를 느끼기보다는 오히려 흥미 를 느낀다.

(1) 꿈이 있는 사람은 생에 열정 을 품고 있는 자이다.
(2) 그는 ' 권태 '를 느낄 만한 시간이 없다.

'인생은 짧고 할 일이 태산 같다'고 한다.
여러분은 어떠한가? 어떤 일에 현재 열정을 품고 있는가?
혹시 순원들 중에 삶이 지루한 사람은 없는가? (나누라)

2) 그는 기대감 으로 충만해 있다.

(1) 꿈이 있는 자는 일반적으로 목표 지향적이다.
(2) 그는 그가 하기를 원하는 일에 대한 명확한 마음의 계획을 가지고 그 마음의 계획이 실현되도록 그의 삶을 살아간다.
(3) 그 계획은 항상 그의 마음을 떠나지 않는다. 그는 그 생각과 함께 잠자리에 들고 또 일어난다.

각자 삶에 대해 가지고 있는 기대감을 나누라.
현재는 거리가 있더라도 자신에게 어떤 기대감을 가지고 있는가?

3) 그는 장애물을 극복 할 수 없는 것으로 여기지 않는다.

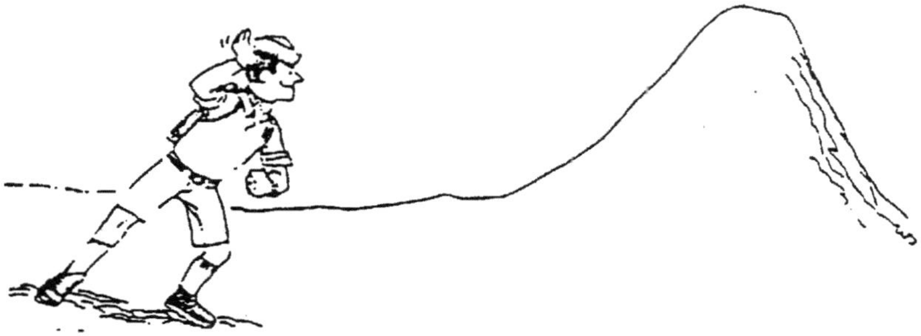

(1) 꿈을 가진 사람들은 장애물을 성취를 위한 기회 로 본다.

"기회가 올 때마다 그 속에서 만날 어려움을 생각하고
미리 얼어붙는 일을 경계해야 한다.
오히려 모든 어려움 속에서 기회를 찾아야 한다."
(월터 E 콜)

현재 자신이 처한 위치에서 꿈을 성취하는데 장애물이라고 생각하는 것은 무엇인가?

서로 나누어 보라.
각자의 장애물들을 어떻게 극복할 수 있을지 서로 조언해 보라.

4) 그는 항상 긍정적 인 태도를 가진다.

다음의 예를 보자.

예화

서커스 퍼레이드에 서 보고 싶어 하는 한 나이 어린 소년이 있었다. 밴드 마스터는 마침 트럼본 연주자가 필요했다. 그래서 소년은 참가할 수 있었다. 밴드가 행진하기 시작했을 때 그들의 하모니는 괴상한 소리로 뒤죽박죽이 되어 버렸다. 밴드 마스터가 소년에게 와서 묻기를 "트럼본을 불지 못한다고 왜 나에게 말하지 않았지?" 소년이 대답했다. "트럼본을 불 줄 아느냐고 물어보시지 않았잖아요? 연주자가 필요하다고 하셨지 이것을 계기로 연주자가 되어 보려구요."

나는 긍정적인 편인가? 부정적인 편인가?

이제 꿈이 없는 자의 특성을 보도록 하자. 그리고 그들이 우리가 방금 배운 것과 어떻게 다른지를 보자. 꿈이 없는 자들은 어떤 특성을 보일까? (다음을 하기 전에 몇 사람의 의견을 듣는 것이 좋다.)

## 나. 꿈이 없는 자의 특성

1)그는 의무감 과 책임감으로 마지못해 일을 한다.

(1) 꿈이 없는 자는 무슨 일이든 해야만 하기 때문에 무언가를 한다.

(2) 그의 동기는 늘 외부 에서 온다.
예를 들면, 그의 상사가 "이것을 해!"라고 말해야 그것을 한다. 스스로 찾아서 하지 않는다. 또한 상사가 말해도 불만을 많이 제기하거나 핑계를 찾는다.

※ 상대적으로 꿈이 있는 사람은 스스로가 원하기 때문에 무엇인가를 한다.
그의 동기는 내부 에서 우러나온다.

주위에서 의무감으로 일하는 사람들을 본 적이 있는가? 또한 나 자신도 의무감으로만 하고 있는 일은 무엇인가? 혹시 대학생이라면 공부나 순장의 역할도 간사님이 시키니까 마지못해 의무감으로만 하고 있지는 않은가?

2) 그는 일을 기피하고 나태한 경향 이 있다.

나태함은 자신에게 자극을 주어 행동하게 하는 목표가 없는데서 비롯된다.
꿈이 없는 자는 '하루 8시간'짜리 인생이다. 그는 늘 하지 않으면 안 되는 것만을 하다가 하루를 끝낸다.

시간 점검을 잠시 해보자. 내가 나태하게 시간을 낭비하는 것이 하루에 얼마나 되는가? 또 어떤 영역에서 나태하게 시간을 쏟고 있는지 서로 나누어 보라.

그 시간만 줄여도 많은 생산적인 다른 일들을 할 수 있다. 줄일 수 있는 방법을 나누어 보라.

3) 그는 이 계획에서 저 계획으로 떠돌아 다닌다.

꿈이 없는 자는 택시에 올라 "빨리 갑시다."라고 말하는 사람과 같다. 택시 기사가 "어디로 갈까요?"라고 물으면 그는 "어디든 상관없으니 그냥 갑시다."라고 말한다. 보통 꿈이 없는 자는 이 일에서 저 일로 이 직장에서 다른 직장으로 왔다갔다 한다. 그가 추구하는 뚜렷한 이상 이 없는 까닭에 이리저리 떠돌아다닌다.

꿈이 없는자의 네 번째 특징을 보자.

**4) 그는 부정적인 마음에 사로잡혀 있다.**

전구 발명가인 토마스 에디슨은 발명가로서 자신의 생애를 통해 그가 항상 들어온 다른 사람의 말을 이렇게 써 놓았다. "그것은 결코 순조롭게 되지 않을 것이다."에디슨이 유명한 발명가가 된 것은 그런 부정적인 소리를 무시했기 때문이다.

나의 꿈과 미래에 대해 내가 현재 가지고 있는 부정적인 생각들은 무엇인가?

우리 각자는 모두가 '꿈이 있는 자'가 되기를 원할 것이다. 하지만 때때로 우리는 하나님의 꿈을 발견하는 방법에 대해서 의외로 잘 모르고 있다. 이제 당신을 위한 하나님의 꿈을 발견하는 6가지 원칙들을 살펴보도록 하겠다.

당신이 하나님의 관점에서 세상을 바라보는 것을 배울 때까지는 당신에 대한 하나님의 꿈을 발견한다는 것은 불가능한 일이다.

## 3 당신을 위한 하나님의 꿈을 발견하는 6가지 원칙

### 가. 하나님께서는 잃어버린 세상 을 그에게로 돌이키시려는 꿈을 가지고 계심을 이해하라.

"인자의 온 것은 잃어버린 자를 찾아 구원하려 함이니라."
(눅 19장 10절)

종종 그리스도인들이 목표를 가지고 있지만 그 목표가 이기적인 동기에서 나온 것이 많다. 혹자는 법률가, 의사 혹은 정치가가 되는 꿈을 꾸고 있다. 그러나 당신이 해야 할 질문은 이 모든 것이 '누구를 위한 것인가?'이다. 현재 혹은 미래의 안정을 제공하기 위해서인가? 아니면 사회적인 명성을 얻기 위해서인가? 아니면 복음을 위해서인가? 라는 질문이다.

여러분이 자신의 이상을 십자가 밑에 내려놓았을 때에만이 비로소 예수님의 안목으로 온 세상을 바라보게 될 것이다.

누가복음 19:10에서 예수님께서는 “인자가 온 것은 잃어버린 자를 찾아 구원하려 하심이라”고 말씀하셨다. 만일 예수님이 우리 구세주요 우리의 주라면 우리의 근본 동기 또한 잃어버린 자를 찾아 구원하는 것이 될 것이다.

만약 예수님의 최고의 목적인 ‘잃어버린 세상을 그에게로 돌이키는 것’이 우리 삶의 근본적인 동기라면 그때 주님께서는 우리 마음에 그의 꿈을 전달하기 시작하실 수 있다.

여러분은 이 세상에서 자신의 욕망을 위한 삶을 살 것인가 아니면 하나님께서 여러분의 삶을 통해 이루고자 하는 그 꿈을 향해 살 것인가의 고민을 시작해야 한다. 그것에 따라 삶의 방향성이 달라지기 때문이다. 내 꿈도 이루고 하나님의 꿈도 이루는 일석이조의 방식은 하나님 나라에서는 통하지 않는다. 하나님이 약속해 주신 것은 하나님의 꿈을 이루는 것이 내 삶을 가장 풍성하게 한다는 것이다. 그것을 신뢰하지 않으면 하나님의 꿈을 꿀 수 없다.

하나님의 꿈을 발견하는 두 번째 원칙을 보도록 하자.

## 나. 당신을 위한 하나님의 꿈은 세상을 향한 그의 꿈을 이루는데 있어서 당신이 독특한 역할을 수행하는 것임을 이해하라.

하나님께서는 세상에 대한 꿈을 가지고 계신다. 우리가 예수님의 안목으로 세상을 바라보아야 한다는 것을 이해할 때 다음의 사실을 기억해야 한다.

하나님께서는 우리 각자에 대해서 꿈을 가지고 계신다.

우리를 향한 그 분의 꿈은 항상 잃어버린 세상을 그에게 돌이키시려는 그분의 계획에 전적인 참여를 기대하고 계신다. 즉 지상명령성취이다.

그러나 하나님의 계획안에서 각 사람이 수행하는 역할이 동일하지 않다. 하나님께서는 우리의 천부적인 능력을 최대로 활용하기를 원하신다. 어떤 이들에게는 그것이 음악을 통한 사역이 될 수 있고, 또는 다른 이에게 동기를 부여하는 일을 의미할 수도 있다. 그리고 이것은 우리 삶이 세상을 구하기 위한 그분의 계획을 위한 투자로써 사용되어야 함을 의미한다.

우리에 대한 하나님의 꿈을 발견한다는 것이 단지 우리의 재능이나 천부적인 능력을 발견하는 것은 아니다. 예를 들어 우리가 음악에 천부적 재능이 있다고 하자. 우리는 하나님께 그 재능을 발견하게 해 달라고 요청한다. 그리고 그 재능을 최대화해달라고 기도한다. 그러나 그 목적이 나의 꿈을 발견하는 것에서 그친다면 그것은 하나님의 꿈과는 관계가 없다.

우리에 대한 하나님의 꿈을 발견하는 것이 우리의 영적 은사를 발견하는 것과 동일한 것이 아니라는 것을 인식하는 것이 중요하다. 왜냐하면 하나님께서는 우리가 많은 천부적 재능을 소유하지 못하고 있다하더라도 초자연적인 방법으로 우리를 얼마든지 사용하실 수 있기 때문이다.

출애굽기 3:10-11절을 잠시 생각해 보자. 하나님께서 모세에게 "이제 내가 너를 바로에게 보내어 너로 내 백성 이스라엘 자손을 애굽에서 인도하여 내게 하리라" 말씀하시지만 모세는 하나님께 "내가 누구관대 바로에게 가나이까?"라고 대답한다. 이후 출애굽기 4:10에서도 모세가 여호와께 "주여 나는 본래 말을 잘 하지 못하는 자니이다 주께서 주의 종에게 명령하신 후에도 역시 그러하니 나는 입이 뻣뻣하고 혀가 둔한 자니이다."하고 말한다.

하나님께서는 모세에 대한 꿈과 초자연적인 계획이 있으셨는데 그것은 모세의 선천적 능력을 초월한 것이었다. 모세는 하나님이 자신의 연약함보다 더 강하다는 것을 깨닫고 우주 만물을 지으시고 다스리시는 하나님의 능력을 믿기로 선택했다.

그는 그의 불신을 제거해 버렸고 역사상 손꼽을 만한 인물의 한 사람으로 쓰임을 받았다.

1) 우리 생애에 가장 신나는 일 은 하나님께서 우리를 위해 가지고 계신 꿈을 발견하는 것이다.

하나님의 꿈을 발견한다는 것은 우리 생애에서 가장 신나는 일이다. 왜냐하면 하나님께서는 전혀 예기치 못했던 방법으로 우리 삶을 사용하실 수 있기 때문이다. 하나님께서는 당신의 천부적인 능력이나 영적 은사에 국한되시지 않는 분이다.

2) 만약 우리가 우리에 대한 하나님의 꿈을 발견하지 못하고 우리 자신의 꿈만을 추구하며 살아간다면 심각한 결과 가 있게 된다.(고전 3:10-15)

성경 중 가장 경각심을 불러일으키는 구절 중 하나는 고린도전서 3:10-15이다.
한 순원에게 이 구절을 읽게 하라.

고전 3:10-15 [10]내게 주신 하나님의 은혜를 따라 내가 지혜로운 건축자와 같이 터를 닦아 두매 다른 이가 그 위에 세우나 그러나 각각 어떻게 그 위에 세울까를 조심할지니라 [11]이 닦아 둔 것 외에 능히 다른 터를 닦아 둘 자가 없으니 이 터는 곧 예수 그리스도라 [12]만일 누구든지 금이나 은이나 보석이나 나무나 풀이나 짚으로 이 터 위에 세우면 [13]각 사람의 공적이 나타날 터인데 그 날이 공적을 밝히리니 이는 불로 나타내고 그 불이 각 사람의 공적이 어떠한 것을 시험할 것임이라 [14]만일 누구든지 그 위에 세운 공적이 그대로 있으면 상을 받고 [15]누구든지 그 공적이 불타면 해를 받으리니 그러나 자신은 구원을 받되 불 가운데서 받은 것 같으리라

고린도전서 3:10-15은 한 인간이 그의 온 생애를 살고 난 후 그가 이룬 모든 일들이 무가치하게 판단될 수 있다는 사실을 가르쳐 준다.

알버트 스피어의 자서전을 보면 이 사실이 극적으로 예시되어 있다. 스피어는 개인적인 건축가이자 아돌프 히틀러의 신복이었다.

스피어는 건축가가 된지 얼마 안 되었을 때 한 축하 연회에 부인과 함께 참석했던 일화를 자세히 이야기하고 있다. 히틀러가 주최한 연회에는 외국고관과 제3독일연방공화국 지도자 등 백여 명이 참석했다. 그는 천천히 히틀러의 화려한 연회 대열에 들어섰다. 히틀러가 그의 부인을 보며 말하기를 "부인 남편께서 나를 위해서 4천 년간 만들지 못했던 그런 건물들을 지을 것이요." 2~3년 후에 스피어는 히틀러가 말한 건물들을 건축했다. 웅장한 관청과 거대한 뉴렘베르크 스타디움을 건축했는데 이는 수십만 명이 앉을 수 있는 것이었다.

12년 후 연합군이 베를린에 입성하고 제3독일연방공화국이 몰락했을 때 스피어는 자신의 지도자를 위해 건축했던 그 관청의 폐허 속에 서 있었다. 그의 자서전에서 스피어가 쓰기를 '나는 어느 누구에게 말 한마디 하지 않고 그 관저를 떠 났다. 약간의 긴 간격으로 러시아 군함의 폭음을 들었다. 그것이 그 관청에 대한 나의 마지막 방문이었다. 수년전 나는 완전한 계획 속에 미래에 대한 전망과 꿈을 가지고 그 건물을 건축했었다. 이제 나는 내가 지은 폐허가 된 건물을 떠난다. 내 생애 가장 의미 심장한 건물을.......'

하나님 안목에서 볼 때 자신의 꿈을 추구하는 인간의 꿈은 종국에는 망하고 말게 될 것이다. 이 세상에서 망하지 않는다면 그때는 영원한 심판으로 기억될 것이다.

우리는 지금까지 우리에 대한 하나님의 꿈을 발견하는 방법을 생각하면서 두 가지 원리를 다루었다.

첫째는 하나님께서는 잃어버린 세상을 그에게로 돌이키시려는 꿈을 가지고 계신다는 것을 이해하는 것이고 , 둘째는 하나님께서는 우리가 세상에 대한 그의 꿈을 이루는데 있어서 독특한 역할을 수행하기를 원한다는 사실이다.

자 그러면 세 번째 원칙을 보도록 하자.

다. 만약 그리스도께서 당신의 직무 설명서(Job Description)를 가지셨다면 무엇을 생각하실 것인가를 생각하라. (고전 2:16; 갈 2:20)

만일 예수님께서 나의 직무설명서를 가지고 계시다면, 그분은 무엇을 생각하고 계획하실까?

그리스도께서 우리의 직무를 어떻게 보실 것인가를 살펴보는 것은 우리에 대한 하나님의 꿈을 발견하는데 있어서 중요한 개념 중의 하나이다.

만약 예수님이 학생이라면 그는 단지 아침에 학교에 가서 공부하다가 저녁에 집에 돌아오는 날마다 그런 순환만을 거듭할까?

만약 그가 사업가라면 그의 가장 주된 동기가 이윤을 많이 내는 것일까?

여러분이 현재 하고 있는 일에 대해, 시간을 보내고 있는 방법에 대해 그리스도께서 어떻게 보실 것이라고 생각하는가?

생각들을 나누라.

순원들이 다음 생각을 제시하지 않으면 아래 생각들을 추가하라.

첫째, 그리스도께서는 다른 사람들을 그에게로 이끄시려고 생각하실 것이다.
둘째, 그리스도께서는 세상을 그에게로 돌이키시려는 '영적인 구상'을 계획하실 것이다.
셋째, 그는 제자들을 모으고 그들이 그의 사역을 수행할 수 있는 자격을 갖추도록 훈련시키실 것이다.

이것은 하나님의 꿈을 발견하는 다음 원칙과 관계가 있다. 그것은 구체적인 기도를 의미한다.

## 라. 개인적 인 기도를 드리라.

"주 예수님 만일 당신께서 저라면 성령의 능력 안에서 무엇을 계획하시고 또 실행하시겠습니까?"

아마 이 기도는 예수님을 영접하는 기도와 성령 충만과 성령께서 인도하시기를 원하는 기도를 한 이후 할 수 있는 가장 혁명적인 기도일 것이다.

일단 우리가 주님의 마음을 생각하면서 이 기도를 평생 습관적으로 하게 된다면 우리의 삶은 결코 이전과 같을 수 없을 것이다.

그러나 이 기도를 드리는 것은 여러분에 대한 하나님의 꿈을 발견하는 시작에 불과하다. 여러분이 또한 해야 할 것은…

## 마. 하나님께 당신에 대한 하나님의 꿈을 드러내 주시도록 시간 을 드리라.

1) 하나님과 은밀히 만날 수 있도록 충분한 시간을 따로 떼어 놓으라.

대부분 우리들은 여러 활동이나 책무에 너무 열중하기 때문에 하나님께서 우리에게 말씀하실 시간을 드리지 못하고 있다. 지금 나는 여러분의 매일 경건의 시간 혹은 기도에 대하여 말하는 것이 아니다. 주님과 은밀히 이 특별한 영역을 위해 오래 시간을 갖는 것에 대해 말하는 것이다.

2) 이것을 평생 습관화 하라.

주님과 함께 혼자 반나절 또는 하루 종일을 보낸 마지막 시간이 언제였는가?
여러분들은 주님과 단 둘이서 이틀 혹은 3일 내내 시간을 보낸 적이 있는가?
대부분 우리들은 아직 이런 훈련을 시도해 보지 않았다. 하나님께서 우리를 위해 가지고 계신 놀라운 일들을 발견할 수 있는 기회를 스스로 잃고 있는 것이다.

우리는 하나님께서 우리와 대화하실 수 있도록 시간을 드리고 있는가?

이 강의의 마지막 부분에서는 주님과 갖는 시간에 무엇을 허야 할 것인지에 대해 몇 가지 실제적인 힌트를 줄 것이다. 우선 한 가지 남아있는 하나님의 꿈을 발견하는 원칙을 보도록 하자.

## 바. 하나님께서 시간이 지남에 따라 점진적 으로 당신에게 그의 꿈을 드러내 주실 것임을 이해하라.

1) 오늘날 하나님께서는 사도들에게 하셨듯이 직접적인 방법으로 그분의 꿈을 나타내시지는 않는다.

2) 오히려 우리는 시간이 지남에 따라 그의 꿈을 이해하게 된다.

3) 즉, 하나님께서 우리 생애에 대한 그분의 완전한 꿈을 점진적으로 나타내실 것이다.

유익한 지침: 하나님께서는 우리에 대한 그의 완전하신 꿈을 부분적으로 드러내실 것이다. 어느 한 순간 한 부분을 드러내실 텐데 이는 그가 지금 보이시는 부분에 대해 우리가 얼마나 충성하느냐에 달려 있다.

우리에 대한 하나님의 계시는 점진적이다. 그는 큰 꿈들을 가지고 계신다. 그는 우리 각자에게 그의 꿈을 나타내 보이시기를 원하신다.

그러나 그가 우리에게 나타내 보이시는 것에 우리가 충성하지 않으면 이러한 꿈들을 결코 우리에게 나타내지 않으실 것이다. 하나님께서 우리의 충성심을 보실 때 우리에게 보다 많은 책임을 부여하실 것이다.

지금까지 우리는 우리에 대한 하나님의 꿈을 진정으로 알기 원한다면 주님과 함께 장시간을 보내야 하는 필요성에 대해 토의했다.
그러면 주님과 함께 많은 시간을 어떻게 보내면 좋을까?

여기 몇 가지 제안이 있다.

## 4 주님과 함께 오랜 시간을 보내는 것에 대한 제안

### 가. 이 시간을 준비할 때, 적어도 100 페이지 가량의 일기장 을 구입하라.

당신에게 일어난 일들과 하나님께서 당신에게 가르치실 교훈들을 기록하기 시작하라.

이 일기장은 여러분의 삶 속에서 하나님께서 하신 일을 되돌아보는데 좋은 자료가 될 것이다.

나. 이 시간을 갖는 동안, 시편의 일부를 읽으라. 읽으면서 당신의 필요한 바를 표현하면서 주님에 대한 기도를 적고 찬양 하고 예배 하라.

다. 지난해를 돌이켜 보고 주님께서 당신에게 가르치신 교훈들을 요약 해서 기록하라.

교훈을 기록한 후에는 감사기도와 주님으로부터 더 많은 가르치심을 위한 간구사항을 기록하라.

라. 정확히 당신의 마음 을 정하고 만일 그리스도께서 당신의 직무 설명서를 갖고 계신다면 어떻게 생각하셨을 것인가를 생각하기 시작하라.

'주 예수님 만일 당신이 저라면 성령의 능력 안에서 무엇을 하시고 무엇을 계획하시겠습니까?' 라고 기도하고 여러분의 최초의 느낌을 기록하라. 끈기 있게 해야 한다.

- 당신은 생애를 마칠 때 어떤 평가를 받기 원하는가?
- 앞으로 5년 동안에 일어나기를 원하는 일은 무엇인가?
- 올해 하나님께서 당신을 통하여 무슨 일을 하시기를 원하는가?

여러분들이 이렇게 기도하기 시작할 때 처음에는 생각이 느릴지 모르나 계속하면 자유롭게 흐를 것이다. 하나님께 당신 평생에 대한 계획들을 주시기를 간구하라.

여러분의 생애가 끝났을 때 여러분에 대해 무슨 말을 듣기를 원하는가? 앞으로 5년을 생각해 보라.

마지막으로 올해 하나님께서 여러분을 통해 무슨 일을 하시기를 보기 원하는가?

1) 그것은 하나님 말씀 과 일관성이 있는가?

2) 그것은 지상명령을 촉진시키는 것인가?

기억해야 할 것은 하나님의 꿈은 그의 말씀을 결코 거스르지 않는다는 것이다. 하나님께서 여러분에게 주시는 꿈은 잃어버린 세상을 그에게로 돌리시기 위한 그분의 꿈에서 비롯된다. 잃어버린 세상을 죄악으로부터 구원하기 위한 근본 동기를 갖고 있지 않은 꿈은 결코 하나님의 꿈이 아니다.

마. 집중적으로 연구 하고 기록 하는 시간의 중간에 산보를 하거나 성가 등의 테이프를 들으면서 쉬도록 하라.

쉬지도 않고 대여섯 시간씩 집중적인 기도와 명상을 한다는 것은 거의 불가능하거나 지극히 힘들다. 쉼을 가지는 것이 좋다.

바. 당신의 기도 일지와 일기장에 기도에 대한 구체적인 응답 을 기록하라.

주님과 함께 보내는 시간의 재미있는 부분은 과거 하나님께서 나를 위해 행하신 모든 것들을 기록하는 것이다. 이 일은 만일 여러분이 매일 기도일지나 경건일기를 써오지 않았다면 어려울 것이다. 이 시점에서 매일 기도일지 또는 경건일기를 시작하도록 격려하라 (하지 않은 사람에 한해서).

사. 미래를 향한 구체적인 기도 제목 을 기록하되, 하나님이 당신에게 주기 시작하는 꿈을 포함시키라.

마지막으로 당신이 당신의 기도제목을 기록할 때 주님께서 미래를 위해 당신에게 주실 구체적인 꿈을 적으라. 매일 그 꿈을 놓고 기도하라.

이것은 단지 하나님과 여러분이 함께하는 시간을 위한 몇 가지 제안에 불과하다. 여러분이 이들을 실행하기 시작하면서 하나님과의 시간을 보내는 동안 다른 창조적인 생각들을 주실 것을 하나님께 기대하라.

여러분은 여러분에 대한 하나님의 꿈을 발견하기를 원하는가? 여러분들이 사역에 전적으로 종사했음에도 목적의식이 없고 정신적으로 표류하듯이 보이는 삶에 만족하는가?

나는 여러분 중 대다수가 하나님께서 예비해 두고 계시는 놀라운 일들을 발견하는 위대한 모험을 시작하기를 원한다는 것을 안다.

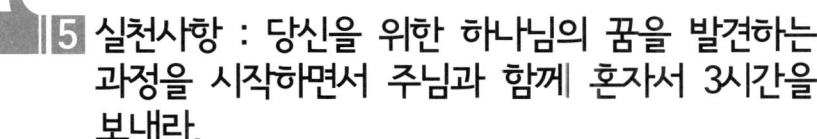

## 5 실천사항 : 당신을 위한 하나님의 꿈을 발견하는 과정을 시작하면서 주님과 함께 혼자서 3시간을 보내라.

이 시간에 (리트릿에서 이 강의를 할 경우에 혹은 당신이 따로 정한 다른 시간에) 여러분들은 여러분을 위한 하나님의 꿈을 발견하는 과정을 시작하기 위해서 3시간 동안 주님과 시간을 가지게 될 것이다.
이것을 돕기 위해 다음 페이지에 나오는 '당신을 위한 하나님의 꿈을 발견하는 개인 워크숍'을 참고하라.

기도로 마치라.

당신을 위한 하나님의 꿈을 발견하는

# 개인 워크숍

**당신의 삶을 특정 짓고 있는 것은 어느 것인가?**
**만일 당신의 삶을 특정 짓는 것이 있다면,**
**당신의 경험 가운데서 그에 대한 것을 간략히 기술하라.**

(     ) 삶의 권태를 느끼기보다는 흥미롭다.

(     ) 기대감으로 충만해 있다.

(     ) 장애물을 극복하지 못할 것으로 여기지 않는다.

(     ) 긍정적인 태도를 가진다.

(　　) 의무감 내지 책임감으로 마지못해서 일을 수행한다.

(　　) 일을 기피하고 게으르다.

(　　) 이 계획에서 저 계획으로 떠돌아다닌다.

(　　) 부정적인 마음에 사로잡혀 있다.

# 자기점검복습

**당신의 천부적인 재능으로 생각하는 것을 열거해 보라.**

**당신은 당신의 천부적인 재능을 극대화하고 있는가?**

**출애굽기 3장과 4장 특히 3:10-12, 4:10-12을 주의해서 읽고 또한 고린도후서 12:9와 히브리서 11:6, 32-34을 읽으라. 다음 질문에 정직하게 답하라.**

고후 12:9 나에게 이르시기를 내 은혜가 네게 족하도다 이는 내 능력이 약한 데서 온전하여짐이라 하신지라 그러므로 도리어 크게 기뻐함으로 나의 여러 약한 것들에 대하여 자랑하리니 이는 그리스도의 능력이 내게 머물게 하려 함이라

히 11:6 믿음이 없이는 하나님을 기쁘시게 하지 못하나니 하나님께 나아가는 자는 반드시 그가 계신 것과 또한 그가 자기를 찾는 자들에게 상 주시는 이심을 믿어야 할지니라

히 11:32-34 [32]내가 무슨 말을 더 하리요 기드온, 바락, 삼손, 입다, 다윗 및 사무엘과 선지자들의 일을 말하려면 내게 시간이 부족하리로다 [33]그들은 믿음으로 나라들을 이기기도 하며 의를 행하기도 하며 약속을 받기도 하며 사자들의 입을 막기도 하며 [34]불의 세력을 멸하기도 하며 칼날을 피하기도 하며 연약한 가운데서 강하게 되기도 하며 전쟁에 용감하게 되어 이방 사람들의 진을 물리치기도 하며

**당신은 잠재의식 속에서 당신의 천부적인 재능에 하나님을 제한시키고 있는가?**

**당신이 연약하고 심지어 어떤 특정한 '영적 은사'를 가지고 있지 않더라도 하나님께서는 초자연적인 방법으로 당신을 활용하실 꿈을 당신에게 드러내 보이실 수 있다고 믿는가?**

**당신이 어떤 꿈을 가지고 있다면 그 꿈을 열거해 보라.**

**당신은 당신의 꿈이 곧 하나님의 꿈이라고 확신하는가? 고린도전서 3:10-15을 묵상하라.**

# 개인 워크숍

## 장래를 살피기 시작함

이 부분은 리트릿 경우라면 각자 할 시간을 충분히 주라. 그리고 평소 모임에서라면 이것을 각자하되 다 같이 동일한 시간을 보내면서 하는 것도 좋을 것이다.

하나님께서 당신을 위한 그의 꿈을 당신에게 주시기를 간구하는 과정을 시작하라.
"주 예수님, 당신께서 저라면 이 땅을 떠나기 전 아버지의 영광과 그의 나라의 확장을 위해서 무엇을 이루시길 추구하시겠습니까?"

묵상하면서 당신의 최초의 느낌들을 적기 시작하라. 정답을 적으려고 하지 말고 주님께서 당신 마음에 생각나게 하는 것은 무엇이든 기록하라. 그리고 나서 30여분 후에 당신이 적은 것을 검토해 보라. 최종적으로 당신의 생각들을 하나 혹은 두 문장 정도로 요약한 후 이 문장에서 당신에 대한 하나님의 꿈을 드러내기 시작하도록 하라.

당신의 꿈을 요약하라.

이제 장래 5년을 생각하고 기도하라. "주 예수님 당신께서 저라면 지금부터 5년간 무엇을 하시겠습니까?"

다시 당신의 일반적인 생각을 적어보고 그리고 나서 그것들을 검토하라.

최종적으로 당신의 생각들을 몇 개의 문장으로 요약하고 요약된 당신 꿈에 대한 문장을 기도일지에 쓰고 기도로 매일 그것을 검토하라. 하나님의 제단에 그것을 놓아두고 주께서 당신의 마음에 그의 꿈을 성숙시켜 나갈 때마다 그것을 평가하라.

짧게 요약하라.

오늘부터 앞으로 1년을 내다보고 기도하라.

"주 예수님, 당신께서 저라면 지금부터 일 년간 무엇을 하실 것입니까?"

## 당신의 위치를 평가함

왼편에 제시된 범위 내에서 지금 당신이 하고 있는 것을 열거해 보라. 그리고 나서 "주님이 나라면 그분은 무엇을 실행하실 것인가?"라고 자문해 보라.

다음 질문을 통해서 당신의 해답을 평가하라.

이것이 지상명령과 어떤 관련이 있는가?
이것이 나에 대한 하나님의 꿈과 어떤 관련이 있는가?
이것이 내 가족, 직장, 교회 등에 대한 나의 헌신과 어떤 관련이 있는가?
이것이 지금 내가 받고 있는 훈련(무슨 훈련이든)과 어떤 관련이 있는가?

| | 내가 지금 하고 있는 일 | 주님이 나라면 그분이 하실 일 |
|---|---|---|
| 나의 가정 혹은 생활환경 속에서 | | |
| 나의 직장 혹은 학교에서 | | |
| 나의 여가 활동에서 | | |
| 지역사회에서 | | |
| 교회나 선교단체에서 | | |

당신이 공동체 훈련이나 어느 다른 훈련계획에 참여하고 있다면 그 훈련은 당신을 위한 하나님의 꿈과 어떤 관련이 있는가?

오른쪽 빈칸에 당신을 위한 하나님의 꿈의 여러 측면을 요약하라.
그 다음에 벽이나 담 위에 그 꿈에 대한 내적 외적인 장애물을 기록하라.
마지막으로 당신을 위한 하나님의 꿈에 관한 그의 약속을 성경에서 찾으라.

## 하나님의 제단에 당신의 꿈을 바침

만일 우리가 우리를 위한 하나님의 꿈을 발견하는 평생의 과정을 누리려면 그것은 우리의 꿈을 하나님의 제단에 올려 두는 것임을 뜻한다는 것을 이해해야 한다.

우리는 잠재의식 속에서 "이것이 나의 꿈이다"라고 흔히 말한다. 우리가 이렇게 말할 때 우리는 하나님의 꿈이 실현되는 것을 보는 1차적인 책임을 가졌기 때문에 거대한 중압감 속에서 살아간다. 하나님의 꿈은 우리가 발견하기에는 엄청나게 크다.

창세기 22:1-19절을 읽고 아브라함이 하나님의 제단에 이삭을 올려놓았듯이 당신이 당신의 꿈을 제단에 기꺼이 바칠 수 있는지 자문해 보라. 당신에 대한 그의 꿈을 이루실 이는 바로 하나님이시라는 사실을 깨달으면서 이 일에 대해 잠시 묵상을 하라.

## 나의 기도

당신의 꿈을 하나님의 제단에 바치고 그분께 그것의 성취에 관한 궁극적인 책임을 드리면서 주님께 당신의 기도를 작성하라. 날짜를 쓰라.

잃어버린 세상을 그에게로 돌이키시려는 하나님의 꿈을 결코 잊지 말라!

# 3 과

# 당신을 위한 하나님의 꿈을 발견하는 방법 II

## How to Capture God's Dream for Your Life II

- 개 관 목 적 -

이 과의 목적은 당신에게 일상생활 속에서 하나님의 꿈이 실현되는 것을 알려 줄 원리들을 전달하는 것이다.

## 학 습 목 표

이 과가 끝날 때 당신은,

1. 당신을 위한 하나님의 꿈을 이루는데 필수적인 여섯 가지 핵심 원리들을 말할 수 있다.
2. 이 원리들을 개인 묵상 워크숍에 적용할 수 있다.

인도자용 지침과 순원교재를 철저히 연구하고 인도를 잘 하도록 준비하라.
인도자용 지침서의 왼쪽 여백에 순원교재의 실제 페이지를 적어 놓으라.
교재내용의 관련사항들을 상세히 설명하기 위해서 당신 자신의 경험에서 나온 적절한 실례를 준비하라.

## 1 당신을 위한 하나님의 꿈을 발견하는 방법

순원들에게 반갑게 인사하라.
따뜻한 분위기를 만들어라.
그들의 근황을 물어보라.

기도로 시작하라.

'당신을 위한 하나님의 꿈을 발견하는 방법 (1)'이 앞 과에 나온다. 그것을 아직 공부하지 않은 사람은 다음 기회에 꼭 하기 바란다. 먼저 (1)을 공부하고 이 과를 공부하는 것이 더 좋지만 그렇지 못할 지라도 이 원리들을 먼저 아는 것도 큰 도움이 될 것이다.

학습목표를 읽도록 지시하라.

하나님의 꿈이 우리의 삶 속에 실현되어 가는 것을 볼 수 있도록 도와 줄 원리들이 있다. 이 원리들을 하나하나 이야기해 보자.

가. 일단 하나님께서 그의 꿈을 보이시면 그는 당신에게 하도록 요구하시는 모든 것에 대해 충분한 능력이 있으심을 이해하라. 그의 충분한 능력은 끝없는 확신과 긍정적인 사고를 위한 근거가 된다. (출 3:10-12, 4:10-12)

성경을 읽으라.

출 3:10-12 [10]이제 내가 너를 바로에게 보내어 너에게 내 백성 이스라엘 자손을 애굽에서 인도하여 내게 하리라 [11] 모세가 하나님께 아뢰되 내가 누구이기에 바로에게 가며 이스라엘 자손을 애굽에서 인도하여 내리이까 [12] 하나님이 이르시되 내가 반드시 너와 함께 있으리라 네가 그 백성을 애굽에서 인도하여 낸 후에 너희가 이 산에서 하나님을 섬기리니 이것이 내가 너를 보낸 증거니라

출 4:10-12 [10]모세가 여호와께 아뢰되 오 주여 나는 본래 말을 잘 하지 못하는 자니이다 주께서 주의 종에게 명령하신 후에도 역시 그러하니 나는 입이 뻣뻣하고 혀가 둔한 자니이다 [11] 여호와께서 그에게 이르시되 누가 사람의 입을 지었느냐 누가 말 못 하는 자나 못 듣는 자나 눈 밝은 자나 맹인이 되게 하였느냐 나 여호와가 아니냐 [12] 이제 가라 내가 네 입과 함께 있어서 할 말을 가르치리라

하나님께서는 우리에게 감당할 힘도 주시지 않으면서 어떤 일을 하도록 요구하시지 않는다는 사실을 이해하라.

하나님이 우리에게 꿈을 주실 때 그는 우리에게 그 꿈을 이루는데 필요한 것을 갖추게 하신다. 출애굽기의 위 성경구절 에는 중요한 영적 비밀이 있다.

1) 당신의 영적 은사에 대해 자신이 안다고 해서 하나님을 제한하지 말라.

모세는 스스로 이스라엘 백성을 이집트로부터 인도할 언변의 은사(그리고 생각건대 다른 지도력의 은사)가 없다고 생각했다. 그럼에도 불구하고 하나님께서는 모세에게 권능을 주사 그를 부르신 목적대로 그 일을 수행케 하셨다. 우리는 복음전도나 행정과

같은 특별한 재능을 가지고 있지 않다고 느끼기 때문에 너무나 자주 하나님의 꿈을 발견하고 이루는 것을 놓치고 있다.

그러나 만일 우리가 하나님께서 사용하시도록 순종만 한다면 하나님은 초자연적인 방법으로 모세처럼 우리를 사용하실 것이다.

그러므로 자신의 영적인 은사에 대해 스스로 알고 있다고 해서 (얼마나 할 수 없는지 또는 할 수 있는지) 하나님을 제한해서는 안 된다. 우리는 우리의 '영적 은사' 뒤에 숨어 버림으로써 (못한다고) 얼마나 자주 믿음 생활을 합리화하고 있는지 모른다.

우리는 하나님을 초자연적인 분임을 믿어야 한다. 우리가 이렇게 할 때 하나님께서는 우리가 전혀 생각할 수 없는 방법으로 우리를 사용하실 것이다.

하나님은 모세가 연약하고 부적합하다고 주장함에도 불구하고 그를 사용하셨다. 왜냐하면 어차피 이 일은 모세의 능력이 아닌 하나님이 하실 것이기 때문이다. 그러므로 하나님은 여러분도 사용하실 수 있다.

**2) 하나님으로 충분하다 고 말하는 사람을 망설임을 보이거나 자신감이 결여된 소심한 사람과 대조하라.**

모세는 겁이 많은 사람이었다. 처음에 이집트에서 사람을 죽였을 때 그는 도망갔다. 그러나 그는 그의 소심함에 굴복하지 않았다. 처음에는 망설였지만 일단 하나님이 맡겨주신 임무에 대해 하나님을 신뢰하기로 마음을 먹었다. 출애굽기의 나머지 부분과 민수기 그리고 신명기를 읽게 되면 담대함으로 이스라엘 백성들을 이끈 모세를 발견하게 될 것이다. 그는 앞으로 걸어가 완악한 이집트 왕에게 하나님의 요구를 제시했다. 그는 극복할 수 없는 장애물 앞으로 전진했고 결국 그의 앞에서 홍해가 갈라지는 것을 보게 되었다.

하지만 우리들 대부분은 소심함에 굴복하고 만다. 우리는 하나님의 광대한 능력의 원천을 우리의 것으로 삼지 못하고 있다. 그래서 뒤로 물러서고 마는 것이다.

당신 자신의 경험 중 소심함으로 일하지 못했던 간증을 나누라.

예화

"아마 내가 여덟 살 가량이었을 때 나의 첫 미식축구 연습 날이었던 것으로 기억한다. 그곳에는 두 개의 라인이 있었는데 하나는 태클링 라인이고 다른 하나는 러닝라인이었다. 코치가 러닝라인에 있는 아이 중 한명에게 볼을 던졌고 태클링 라인에 있는 아이는 그에게 태클을 시도했다. 그런데 태클을 받았던 한 아이가 너무 심하게 태클을 받은 나머지 그만 쓰러지고 말았다. 나는 피투성이가 되어 매우 고통스러워하며 그라운드 가운데 구르고 있던 그를 기억한다. 그때 나는 볼을 잡아 달리고 있던 아이들의 라인 뒤편에 있었다. 라인이 앞으로 이동할 때 나는 뒤로 물러섰다. 그 때문에 나는 단 한 번도 어느 누구로부터 태클을 받지 않았다."

위의 예화를 우리 삶에 적용해 보라

서로 적용점을 나누는 시간을 가지라.

우리들도 모세와 정도 차이는 있지만 때로 하나님으로부터 감당하기 힘든 과업을 받는다. 그것은 다소 위험과 고통을 의미할 수도 있을 것이다. 우리는 그만 겁을 먹고 만다. 우리는 뒷걸음질해서 결코 영적 싸움에 나가지 않으려는 경향을 나타낸다.

하나님께서 우리에게 그의 꿈을 주실 때 우리는 두려움으로 뒤로 물러서지 말고 자신 있게 앞으로 나가야 한다. 우리 안에 계시는 그 분이 세상에 있는 자보다 더 크시기 때문이다.

둘째 원리는…

## 나. 하나님의 뜻 안에서 실패한다는 것은 불가능 하다는 것을 이해하라.

실패에 대한 두려움이 아마도 하나님께서 우리를 향해 가지신 꿈을 이루는 데에 있어 가장 큰 걸림돌이 될 것이다.

실패란 문자 그대로 자신 혹은 누군가를 실망시킨다는 의미이다. 다시 말하면 우리 모두는 스스로 자신에 대해서 설정한 어떤 기준을 가지고 있다. 이렇게 자신에 대해 설정한 기준에 미달할 까봐 두려워 차라리 실패할 가능성이 있는 어떤 것도 시도하지 않는 사람들이 많이 있다.

당신 자신의 경험 중 두려움으로 일하지 못했던 간증을 나누라.

예화

"어렸을 때 아버지는 항상 내가 큰 리그의 야구 선수가 되길 원하셨던 기억이 난다. 우리가 성장하고 있었을 때는 항상 조그만 리그의 팀에서 게임을 했다. 나는 타석에 설 때마다 필사적으로 아버지를 기쁘게 해드리고 싶었다. 하지만 어떤 게임에서 내가 투수가 던진 스트라이크를 놓치기라도 하면 내내 "애야 제발 좀 치거라" 하시던 아버지의 음성을 듣던 일을 아직도 기억할 수 있다.
아버지와 내 자신을 실망시킨 시합이 끝난 후 나의 낙망이 아직도 기억이 난다. 때때로 내가 시합을 형편없이 치루고 나면 나는 아예 방 밖으로 나가고 싶지도 않았다."

위의 예화를 우리 삶에 적용해 보라.

서로 적용하며 나누는 시간을 가지라.

지금 우리는 어린 아이가 아님에도 불구하고 실패에 대한 두려움을 둘러싸고 있는 무기력함을 체험하고 있다. 우리가 무언가를 시도했다가 우리의 기대에 이르지 못했을 때의 느낌을 인식하고 있다. 그리고 종종 과거 실패에 대한 생생한 기억들이 하나님께서 우리에게 주실 새로운 모험들을 시도하지 못하도록 하고 있다. 따라서 우리는 자기 연민과 좁은 울타리 안에서 우리 생애의 상당한 부분을 허비하고 있는 것이다.

**1) 실패에 대한 가능성 때문에 무언가를 시도하지 못하는 사람은 이미 실패한 것이다.**

이 말이 진리임을 명심하라.

**2) 만일 하나님께서 당신이 어떤 단계를 취하도록 격려하시는 듯하면 비록 당신이 반드시 도달해야 할 목표에 이르지 못할지라도 그 단계는 이미 성공적인 것이다.**

우리들 중 너무나 많은 사람들이 실수를 두려워 하거나 비판을 받지 않으려고 하기 때문에 삶을 실패하게 된다.

'나는 실패자다'와 '나는 실패했다'고 말하는 데에는 큰 차이점이 있다.
전자는 지속적이고 후자는 일시적인 것이다.

만일 우리가 자신을 실패자로 보고 있다면 우리는 거의 항상 실패할 것이다.
만일 우리가 자신을 '하나님의 능력으로 충분하다'고 본다면 항상 성공할 것이다.

하나님께서는 우리를 성공하도록 창조하셨음을 기억하라. 그는 우리에게 성경과 함께 성공적인 그리스도인의 삶을 위해 필요로 하는 모든 원천을 주셨다. 우리가 실패할 수도 있겠지만 우리가 소위 말하는 '실패'란 진정한 의미에서 하나님의 꿈에 대한 디딤돌에 불과하다.

이런 관점을 가진 사람들은 그를 위한 하나님의 꿈을 반드시 이루게 될 것이다.

3) 당신은 실패보다는 오히려 정체와 게으름과 지루함을 훨씬 더 두려워 해야 한다.

하나님은 결코 당신에게 실패자라고 말씀하시지 않는다.

하나님의 꿈을 이루는 다음 원리를 보자.

## 다. 근면하라.

1) 근면이란 과업을 굳게 붙잡고 결코 포기하지 않는 것이다.

'위대한 사람들이란 단지 특출한 결단력을 가진 평범한 사람들일 뿐이다.'라는 말이 있다.

다음의 예화를 보라.

예화

네덜란드로부터 미국으로 온 한 이주민에 대한 이야기가 있다. 그는 미개척지인 아이오와주에서 한 농장을 시작했다. 그 땅은 경계가 없었다. 따라서 요령은 똑바로 긴 고랑을 파 놓는 것이었다. 그는 언덕위로 가서 말뚝을 박고 그 말뚝 위에 손수건을 매어 놓았다.

그의 경작지로 내려와서는 쟁기를 땅에다 박고 그의 눈을 말뚝에 고정시키고 그의 소를 채찍질하여 그의 첫 긴 고랑을 파 나갔다.

그는 '일단 흙을 파기 시작해서 깃발을 향해 출발을 했다면 뒤를 돌아보지 마라. 그 깃발을 계속 지켜 보라. 당신이 넘어질 수도 있고, 당신이 지칠 수도 있고, 당신이 주저앉을 수도 있다. 그러나 당신이 무엇을 하더라도 뒤를 돌아보지 마라. 그렇지 않으면 당신은 비뚤어진 고랑을 파고 말 것이다'라고 말하곤 했다.

2) 근면한 사람과 포기하는 사람을 대조하라.

포기하는 것은 하나님의 꿈을 소멸시킬 것이다.(그만 두는 것은 어려움 때문에 목표를 포기하는 것이다.)

## 라. 당신의 꿈을 하나님의 제단에 올려놓으라.

우리가 평생의 과정에서 하나님의 꿈을 이루려고 한다면 우리는 우리의 꿈을 하나님의 제단에 올려놓아야 한다.

잘못하면 우리는 나를 통한 '하나님의 꿈'이 아닌 하나님께 소원하는 '나의 꿈'을 이루고자 살아갈 수 있다. 내가 '나의 꿈'을 실현하고자 할 때 우리는 세상적인 압박감 아래에서 살아가게 된다. 그리고 그것을 하나님의 뜻으로 착각하게 된다. 그리고 부담을 느끼거나 하나님이 안 도와주신다고 원망하게 된다. 나의 꿈을 하나님의 제단에 올려놓아야 한다. 그분의 꿈으로 바꾸어 놓아야 한다. 그렇다고 나의 끔이 없어지는 것이 아니다. 그분의 제단에 나의 꿈을 드릴 때 그분은 그것을 가장 아름답게 승화시켜 더 멋진 꿈으로 만들어 그것을 성취하도록 부르실 것이다.

예를 들면 모세는 의협심에 자기 민족을 위해 이집트인을 죽였다. 그의 꿈은 산산 조각이 났고 그는 도망자 신세가 되었다. 그러나 하나님이 부르시고 순종할 때 그는 위대하고 멋진 민족의 구원자로 재탄생하게 되었다.

하나님의 꿈은 너무 광대하시기 때문에 하나님만이 성취하실 수 있다.

자신의 꿈을 하나님의 제단에서 바치지 못했을 때 경험한 나적 갈등을 보여주는 다음의 한 예화를 나누라.

국제 CRU(CCC의 새 이름) 간사님 한 분의 예화를 읽어보자.

예화

"아주 오래전 이야기입니다. 내가 필리핀에 있었을 때 우리 사역을 맡은 훈련간사들은 훈련센터를 세우기 위해 노력하고 있었고 마닐라 중심가를 통하여 학생들의 대규모 예수 대행진을 계획했었습니다. 그 행진의 목적은 정치적인 불안 중에서 예수 그리스도만이 격렬하고 피비린내 나는 혁명에 대한 유일한 해결책임을 보여주기 위한 것이었습니다. 나는 그 행진에 최근의 노조 시위보다 20,000명이 더 많은 50,000명의 참석을 계획했습니다.

그런데 그 행진 아침에 라디오 아나운서가 태풍경보를 방송했습니다. 그리고 우리 400명이 행진을 시작했을 때 비가 억수같이 퍼붓기 시작했습니다. 나는 의기소침하고 씁쓸한 마음으로 하나님께 왜 그에게 영광 돌리려던 행진을 날씨로 망치게 하셨는지 물으면서 그날을 보냈습니다.

그 후 약 100여 명 학생들이 우리가 휴식을 취하며 간식을 먹고 있던 곳으로 나아왔습니다.  나는 100여명의 이 학생들보다 더 열렬했던 사람들을 본 적이 없습니다. 그 예상 외의 경험은 우리가 함께 일하고 있던 학생들 가운데서 진정한 헌신을 창조했고 이들 중 많은 수가 지금 CRU(CCC)간사로 일하고 있습니다. 그들은 필리핀 전국적으로 영적 혁명의 원동력이 되었습니다."

아무리 영적으로 훌륭한 계획이라도 그것은 본인의 꿈이 될 수 있다. 하나님께서는 때로 50,000명의 군집한 인원보다는 100명의 헌신된 사람을 더 필요로 하실 수 있다. 위의 CRU(CCC)간사의 첫 계획은 실패로 보일지 모르나, 하나님의 계획은 결코 실패하지 않았다. 그러므로 우리는 우리가 계획했을지라도 그것을 하나님의 제단에 드려 하나님이 기뻐하시는 제물로 만들어야 한다.

## 마. 시작하라.

## 바. 잃어버린 세상을 그에게로 돌이키시려는 하나님의 꿈을 잊지 말라.

당신은 잃어버린 세상에 대한 열정을 가지고 있는가? 당신의 꿈이 하나님의 관점과 잃어버린 세상을 그에게로 돌이키시려는 그분의 마음에서 비롯되어 형성되었는가?

1975년 4월 7일자로 된 다음 편지는 캄보디아에 있는 한 CRU(당시 CCC)간사로부터 온 것이다. 그와 그의 아내 그리고 어린 아이는 아마 지금 주님과 함께 있을 것이다. 그 편지는 공산군인 크메르 루즈군들이 캄보디아의 수도 프놈펜을 함락시키기 바로 직전에 씌여진 것이다.

군인들이 그 도시에 밀어닥치자마자 그들은 200만 명 이상의 거주민들로 그 시를 떠나게 하여 수마일을 시골로 걸어서 가도록 강요했다.

Huong(Hwong) Samouen(Som-Win)과 그들의 어린아이들이 그 대열에 있었다. Huoug은 다음과 같이 쓰고 있다.

예화

"친애하는 베일리 막스(Bailey Marks)씨 (참고: 국제 CCC 리더간사)! 무엇보다도 손으로 이 글을 쓰게 됨에 당신의 용서를 구합니다. 아시다시피 이 상황 속에서는 전기가 없어 우리의 영문 타자기를 사용할 수가 없습니다. 48시간 중 단지 2~3시간만 전기가 들어오는 실정입니다. 우리가 12월 지출 분으로 285.80$의 수표를 받았음을 알려드립니다. 그러나 우리는 이것을 현금으로 바꿀 수가 없습니다.

이제 모든 수업들이 폐쇄되었습니다(대학, 고등학교, 사립학교). 우리는 우리 처소에서 연락을 취하고 있습니다. 상황이 매우 심각합니다. 우리는 내일이나 다음 주에 무슨 일이 발생할지 알 수가 없습니다. 그러나 우리는 우리 주 예수 그리스도를 위해 살다가 죽는다는 것이 행복하기만 합니다. 이 시점에 캄보디아에는 어느 선교사도 없으며 또한 우리의 몇몇 기독교 지도자들도 국외로 빠져나가길 원하고 있습니다.

그러나 우리 모두는 주님을 위해 캄보디아에 우리 손이 미치는 한 우리 생애의 최후의 일각까지 우리 주 예수 그리스도를 섬기기로 작정했습니다. 영육 간에 우리의 강건함을 위해 계속 기도해 주십시오. 하나님의 뜻이라면 우리가 죽기 전 다시 한 번 뵐 수 있거나 아니면 우리가 하늘나라에서 서로 마주할 것이라고 믿습니다.

우리 주 예수 그리스도 안에서 당신의 Huong과 Samouen과 아기가."

잃어버린 자를 구원하는 것이 항상 하나님의 꿈임을 잊지 말아야 한다.
그분은 나를 통해 그 꿈을 실현하시기를 원하시고 계신다.
그분의 꿈은 세상 끝날까지 변하지 않을 것이다.

당신은 당신의 꿈을 꾸기를 원하는가?

아니면 하나님의 꿈을 당신의 삶을 통해 성취하시기를 원하는가?

나의 동기

당신의 마음의 가장 깊은 동기가 잃어버린 세상을 그리스도에게로 돌이키려는 것을 돕는 것이라고 확실하게 말할 수 있는가?

이 꿈, 즉 하나님의 꿈이 당신을 이끌고 가는가? 그것에 열정을 쏟는가?

당신이 지금까지 언급해 온 꿈이 이 동기에서 비롯된 것이라고 말할 수 있는가?

주님께 솔직하라. 아래에 당신의 가장 깊은 느낌을 기록하라.

대화식기도로 마치라.

개인묵상 워크숍을 소개하라.

당신을 위한 하나님의 꿈을 이루는

# 개인 워크숍

**다음의 내용들을 모두 채우라. 당신을 위한 하나님의 꿈을 요약하라. 이것은 1년 혹은 5년간의 꿈, 혹은 평생의 꿈을 의미할 수도 있다. 그리고 당신을 위한 하나님의 꿈을 이루는 것에 대해 생각할 때 당신이 직면하는 내적 혹은 외적 장애물을 적어보라. 마지막으로, 당신의 꿈에 연관되는 성경의 약속들을 인용하라.**

나를 위한 하나님의 꿈

하나님의 꿈을 성취하는데 대한 내적, 외적 장애물
예 : 실패에 대한 두려움, 소심함 등

하나님의 약속들

나의기도

당신의 꿈을 주님의 제단에 바치고 주님께 그것의 성취에 대한 궁극적인 책임을 드리면서 주님께 드리는 개인 기도를 기록하라. 날짜를 쓰라.

## 4 과

# 품격 있는 데이트

- 개 관 목 적 -

이 과의 목적은 당신이 하나님께서 원하시는 건강한 이성교제에 대해 올바로 아는데 있다.

## 학 습 목 표

이 과가 끝날 때 당신은,

1. 데이트의 원리들을 알고 적용하는 법을 배우게 된다.
2. 예비 배우자로서의 가능성을 분별 할 수 있게 된다.

## 1 서론

가. 삶은 사람들과 서로 관련짓고 사는 것이다. 삶은 고립되어 혼자 살도록 되어진 것이 아니기 때문이다. 삶이란 만남의 교제이다.

나. 우리는 우리 자신만으로 완전하지 않다. 하나님께서는 다른 사람을 사용하셔서 우리를 완전하게 하시는데 결혼을 통해서도 하시고 그리스도의 지체를 통해서도 하신다. 결국 우리는 그리스도 안에서 완전해진다. (고전 12:12-27)

## 2 교제

가. 이성 교제란 무엇인가?

1) 정의 : 웹스터 – 이성교제란 이성과의 사이에 사회적인 약속 이나 만남 을 말한다.

2) 교제의 유형들

(1) 그룹 교제 – 친구관계의 성립은 많은 여성과 남성 사이에 의미 있는 교제와 관계를 증진시킴으로서 우리의 사회적인 삶의 균형과 확장을 돕는다.

(2) 의미 깊은 교제 – 일생의 동반자로서 잠재적인 가능성이 있는 어떤 특정인과 시간을 보내는 것을 말한다.

## 나. 왜 교제를 하는가?

### 1) 하나님께 영광 을 돌리기 위해서이다. (고전 10:31)

고전 10:31 그런즉 너희가 먹든지 마시든지 무엇을 하든지 다 하나님의 영광을 위하여 하라

이성 교제도 예외가 아니다.

### 2) 결혼은 하나님의 생각 이다. (창 2:18-20)

(1) 하나님은 인간에게 독처 하는 인생을 살고 싶은 욕망을 주시지 않았다.

창 2:18 여호와 하나님이 이르시되 사람이 혼자 사는 것이 좋지 아니하니 내가 그를 위하여 돕는 배필을 지으리라 하시니라

a. 사람이 독처 하는 것이 좋지 않다.
b. 여성은 돕는 베필 이다.
c. 여성은 남자를 위해 적당하게(하나님 보기시에 좋게) 지어졌다.
그녀는 남자를 완전하게 하기 위해 특별히 지음을 받았다.

(2) 하나님께서는 아내를 찾는 것이 선한 일이라고 생각하신다.

잠 18:22 아내를 얻는 자는 복을 얻고 여호와께 은총을 받는 자니라

a. 교제는 일생의 동반자를 발견하는 방법이다.
b. 올바른 사람을 찾기 이전에 올바른 사람이 되도록 하라.

3) 교제중에도 상대방에게 축복 이 될 수 있다.

4) 교제는 당신의 인격 을 성숙시킨다. 예를 들면 당신은 이성과 함께 있을 때 어색해 하지 않고 대화하는 법을 배우게 된다. 자기와 다른 이성과의 교제도 성숙과 성장의 과정이다.

(1) 이성과 어떻게 교제를 하는지에 대해 배우라.
(2) 서로의 영적 성장을 격려해 주는 만남이 되게 하라.

5) 이성 교제는 재미도 있다. 즐거운 시간을 가지기 위한 목적도 있다. 건전한 즐거운 시간을 많이 가지라.

## 다. 누구와 교제해야 하는가?

1) 성경은 믿는 자 와 결혼해야 한다고 말한다. (고후 6:14)

> 고후 6:14 너희는 믿지 않는 자와 멍에를 함께 메지 말라 의와 불법이 어찌 함께 하며 빛과 어둠이 어찌 사귀며

(1) 우리는 결국 교제하는 사람들 중 어떤 한 사람과 결혼하게 될 것이다.

(2) 그러므로 믿는 사람 과 교제해야 한다.

(3) 그리스도인과 교제를 해야 하는 또 다른 이유는
a. 예수님이 나의 생애에 가장 중요한 사람이므로 비 그리스도인과의 교제와 결혼은 결국 하나님의 명령에 불순종하는 것을 의미한다.
b. 주님이 우선순위라면 그 다음은 배우자다, 그러므로 주님이 기뻐하시는 일을 함께 할 사람과 결혼하는 것이 결혼의 중요한 사명이 될 것이다.

(4) 예수 그리스도를 소개하려는 목적으로 불신자와 교제하는 것은 어떠한가?
a. 감정적 으로 어쩔 수 없는 관계가 자주 발생한다. 불신자와 사랑에 빠지는 경우가 가능하다.
b. 불신자는 당신을 즐겁게 하기 위해 예수님께 피상적인 헌신 을 가장할 수도 있다.
c. 불신자와 결혼한다면 아이들을 키우는데 영적인 갈등 이 늘 일어날 것이다.
d. 결혼과 같은 일생의 중대사에 위험 부담이 큰 일로 모험을 할 필요는 없다.

주님이 다양한 방법으로 주님을 전하게 하시지만 결혼을 수단으로 해서 전도하게 하시지 않으신다.

(5) 당신의 부모가 불신자와의 결혼을 강요해도 따르지 말아야 한다.

## 라. 하나님께 영광을 돌리는 교제는 어떻게 해야 하는가?(고전 10:31)

### 1) 점잖은 태도를 가지라.

골 3:12-14 [12]그러므로 너희는 하나님이 택하사 거룩하고 사랑 받는 자처럼 긍휼과 자비와 겸손과 온유와 오래 참음을 옷 입고 [13]누가 누구에게 불만이 있거든 서로 용납하여 피차 용서하되 주께서 너희를 용서하신 것 같이 너희도 그리하고 [14]이 모든 것 위에 사랑을 더하라 이는 온전하게 매는 띠니라

2) 성령 안에서 행하라.

3) 열정적 이 되라.

4) 효과적인 의사소통 을 하라. 이것은 당신의 교제가 긴장감을 갖지 않도록 하는 열쇠이기도 하다.

(1) 서로 상대를 잘 알기 위한 질문들을 하라.
(2) 좋은 청취자 가 되라.
(3) 대화를 통해 서로 알아가는 이해의 폭을 넓히라.

5) 당신의 감정들을 경계하라.(잠 4:23)

(1) 한 남성 또는 한 여성이 당신과 의사소통하고 교제한다는 것에 일단 초점을 맞추라.

(2) 그리스도의 사랑(Agape) 을 표현하라.(고전 13:4-8, 갈 5:22)

(3) 육체적이거나 감정적으로 어쩔 수 없이 되지 않도록 조심하라. 손을 잡는 것이 키스로, 애무 상태로 되는 육체적인 이성 교제 관계에는 한번 시작되면 절제가 힘들다는 것을 인식하라.

물론 손을 잡거나 간단한 포옹을 하는 것이 죄는 아니다. 문제는 여기에서 만족하지 않고 이런 자극들의 강도와 깊이를 더해가는 것이 화근이 된다. 그러므로 아예 유혹에 넘어갈 수 있는 이런 자극적 행동들을 시작하지 않는 것이 지혜롭다.

(4) 남성들은 눈에 보이는 자극을 요구하고 여성은 만져주기를 요구함을 기억하라.

(5) 혼전 성 관계를 경계하라.

a. “만일 나를 사랑한다면 허용해 달라” 이것은 음욕이지 사랑이 아니다.
b. 혼전 관계의 결과들
(ㄱ) 임신
(ㄴ) 강압적 결혼
(ㄷ) 성병
(ㄹ) 붕괴의 위험: 관계가 깨질 가능성
(ㅁ) 죄의식에 시달림
(ㅂ) 수치심 때문에 서로에 대한 원망이 생길 가능성이 큼
(ㅅ) 서로에 대한 존중이 사라짐
(ㅇ) "첫날밤"의 순결과 거룩에 대한 기대와 환상이 깨짐
(ㅈ) 결혼 이후에도 부정적인 기능을 할 가능성이 높음

c. 성경은 성적 관계는 오직 결혼을 위한 것이라고 말한다. (출 20:14, 히 13:4)

출 20:14 간음하지 말라

히 13:4 모든 사람은 결혼을 귀히 여기고 침소를 더럽히지 않게 하라 음행하는 자들과 간음하는 자들을 하나님이 심판하시리라

(6) 남성은 이성 교제를 계획하고 창조적이 되라.
계획되지 않은 만남은 늘 어려움으로 끝이 난다. 아무런 계획이 없으므로 어쩔 수 없이 육체적으로 집중하게 된다.

**6) 교제를 위해 기도 하라. 기도로 시작하고 기도로 마치는 만남이 되라.**

7) 만남에 명확한 목적 을 가지라. 무엇을 할 것이며 어디로 갈 것인지는 당신의 만남의 목적에 달려 있다. 예를 들면, 주제를 정해 서로의 생각을 알기를 원한다든지 (예, 대학교육의 문제점, 시사적인 내용 등), 미술관을 가는 등. 대부분 남녀들은 그냥 만난다. 계획이 있는 만남은 서로를 발전시킬 기회를 줄 것이다.

8) 그룹 만남 은 매우 좋다. 왜냐하면 당신이 혼자라는 중압감을 느끼는 것 없이 서로 시간을 보낼 수 있도록 하기 때문이다. 또한 그룹 속에서 상대방의 역할, 성격, 다른 사람의 평가 등을 여유를 가지고 관찰할 수 있다.

9) 교제를 위한 몇 가지 제안들
(1) 서로 즐길 수 있는 종류의 운동들, 테니스, 스케이팅, 등산, 탁구 등을 함께 하라.
(2) 특별한 관심이나 일들이 있는 장소로 가라. 음악회, 영화, 동물원, 지방 박물관, 스포츠 관람 등.
(3) 영적인 활동을 하라. 전도나 성경공부, 모임 참여 등

10) 교제나 결혼을 준비하라.

(1) 사람과 하나님을 기쁘게 하는 자질들을 개발하라.

벧전 3:3-4 너희의 단장은 머리를 꾸미고 금을 차고 아름다운 옷을 입는 외모로 하지 말고 오직 마음에 숨은 사람을 온유하고 안정한 심령의 썩지 아니할 것으로 하라 이는 하나님 앞에 값진 것이니라

이것은 아내들에게 명한 것이지만 결혼을 준비하는 자들이 개발해야 할 덕목이다. 온유하고 안정한 심령(gentle and quiet spirit)의 성품은 하나님에게도 귀한 것이다.

(ㄱ) 복종
(ㄴ) 순결
(ㄷ) 존경스러운 행동
(ㄹ) 좋은 생활습관
(ㅁ) 내면이 안정되고 온유한 심령을 갖도록

b. 잠 31:10-31 (현숙한 여인의 자질)
(ㄱ) 신뢰할 수 있음(11절)
(ㄴ) 다른 사람과 남편을 위해 선한 일을 함(12절)
(ㄷ) 가족과 가정의 필요를 부지런히 준비하는 여인이 됨(13-15절, 25절)
(ㄹ) 지혜롭고 절제된 말을 함(26절)
(ㅁ) 여호와를 경외하고 지속적으로 하나님과 동행함.

(2) 믿음과 쉼 의 원리를 사용하라. 믿음을 키우는 것이 결혼생활의 훌륭한 준비이다. 믿음으로 헤쳐 나가야 할 일이 많이 생기기 때문이다. 안식할 줄 아는 삶의 패턴이 잘 훈련되어 있어야 결혼해서도 일과 안식의 균형을 맞출 수 있다.

## 3 사랑

### 가. 사랑이란 무엇인가?

1) 오늘날 사랑이란 단어가 크게 오용되고 있다. 남녀가 서로 사랑한다고 하지만 삶의 결과가 좋지 않은 것을 흔히 본다.
(1) 혼전 성관계
(2) 원치 않는 임신
(3) 성병

(4) 불행한 결혼
(5) 감정적으로 된 이혼

이 모든 것들은 사람들이 그들의 삶에 대한 하나님의 계획을 따르지 않음으로 야기된다.

2) 사랑이라는 단어는 다음과 같이 분류할 수 있다.

(1) 에로스 - 감각적인 사랑
(2) 필레오 - 형제적인 사랑
(3) 아가페 - 하나님의 사랑

이 모든 것 중에 첫 번째인 에로스 적인 것만이 이성간의 사랑이라고 생각하기 쉬운데 이성과의 만남에도 이 세 가지의 사랑이 다 필요하고 서로 상호 교환적으로 성경에서도 사용되고 있다. 결혼 이후에도 여전히 서로 하나님 안에서 형제자매이며 하나님의 사랑으로 사랑해야 한다.

3) 사랑은 주는 것 이지만 욕정은 취하는 것 이다.

## 나. 당신을 위한 '하나님의 최상'을 어떻게 알 수 있는가?

1) 만일 당신이 성령 안에서 그리스도께 순종하며 지속적으로 행한다면 당신을 위한 하나님이 주신 올바른 반려자를 놓치지 않을 것이다.

2) 결혼하지 않는 것도 하나님이 주신 은사 이다.(마 19:3-11, 고전 7:7)

고전 7:7 나는 모든 사람이 나와 같기를 원하노라(사도 바울은 독신이었다) 그러나 각각 하나님께 받은 자기의 은사가 있으니 이 사람은 이러하고 저 사람은 저러하니라

**3) 하나님은 당신이 원하는 사람에 그저 따르지 않고 하나님의 지혜대로 당신을 위해 예비한 사람을 당신의 생애에 보내주실 것이다.**

**4) 조급해 하지 말라. 당신은 결혼의 결정에 따라 일생 을 살아야 하기 때문이다.**

**5) 하나님이 당신 생애에 보여 주신 계획과 목적 에 어떻게 맞는지를 놓고 잠재적인 가능성을 가진 반려자들을 평가해 보라.**

(1) 남성은 인도자이다. 하나님은 결혼 후에 남성의 그릇된 결정에 대해 여성이 책임지도록 하지 않으신다. 그러나 여성이 남편의 뜻에 따르지 않을 경우, 하나님은 거기에 대한 책임을 물으신다.(벧전 3:1, 5, 6) 이것이 왜 결혼 전에 상대방의 목적과 당신의 뜻이 맞아야 하는지를 확인해야 하는 중요한 이유이다.

벧전 3:1, 5 [1]아내들아 이와 같이 자기 남편에게 순종하라 이는 혹 말씀을 순종하지 않는 자라도 말로 말미암지 않고 그 아내의 행실로 말미암아 구원을 받게 하려 함이니

[5]전에 하나님께 소망을 두었던 거룩한 부녀들도 이와 같이 자기 남편에게 순종함으로 자기를 단장하였나니

(2) 남자는 여성의 영적 지도자가 되어야 한다.

a. 남성은 압도당하는 것을 염려하고 여성은 이용당하는 것을 두려워한다.
b. 남성과 여성 모두 서로에게 존경스럽고 서로에게 사랑스러워야 한다.
c. 여성들, 당신은 당신의 잠재적 반려자를 존경하고 칭찬하는가? 그는 영적으로 당신보다 성숙한가?

d. 남성들, 당신은 잠재적 반려자를 예수님이 자기 몸 된 교회를 사랑하듯 정말로 사랑하는가? (엡 5:22-25)

6) 서로의 가족을 알아야 한다. 당신은 그 집안 전체와 또한 그 집안의 문화와 전통과 결혼하는 것임을 명심하라.

7) 가장 중요한 원리는 주님을 신뢰하고 서로를 바라보며 서로 의논하고 주님께 모든 결정권을 양도하는 것이다.

# 모범이 되기

- 개 관 목 적 -

이 과의 목적은 순원들이 그들의 제자들을 위해 올바른 모범이 되는 것의 중요성을 이해하도록 돕는 것이다.

## 학 습 목 표

이 과가 끝날 때 당신은,

1. 모범의 목적을 말할 수 있다.
2. 제자화 가운데 올바른 모범의 두 가지 원칙을 설명할 수 있다.
3. 제자화에서 모범의 한 가지 위험성을 설명할 수 있다.
4. 당신의 제자들이 당신의 생활을 관찰할 수 있는 두 가지 길을 말할 수 있다.

## 1 서론

가. 당신이 다음의 설명에 동의하는지 아니면 반대하는지의 여부를 표시하라.

순원들에게 그들의 선택을 표시할 수 있는 시간을 주라. 그 후 각 질문에 동의하거나 동의하지 않음을 손들어 나타내게 하라. 각 편에서 (동의하는 편, 반대하는 편) 왜 그렇게 생각하는지 나누는 시간을 가지라.

1) 어린아이가 자라서 주님을 경외하지 않는 삶을 살 때, 그의 부모에게 우선적으로 책임이 있다. "마땅히 행할 길을 아이에게 가르치라 그리하면 늙어도 그것을 떠나지 아니하리라"(잠 22:6)

동의( ) 동의하지 않음( )

2) 같은 의미로 우리의 제자들이 계속 변함없으며 열매를 맺지 않을 때 우리에게 우선적으로 책임이 있다. "우리는 그리스도의 사도로서 마땅히 권위를 주장할 수 있으나 도리어 너희 가운데서 유순한 자가 되어 유모가 자기 자녀를 기름과 같이 하였으니" (살전 2:7)

동의( ) 동의하지 않음( )

데살로니가전서 2:7은 새 신자를 대하는 사도바울의 좋은 예이다. 젖먹이는 유모가 아무 음식이나 먹고(예 : 술, 독한 약) 젖먹이는 아이에게 젖을 물리면 잘 자라지 못하는 것과 같이 순장이 건강하지 못할 때 순원에게 영향을 미친다. 사도바울이 어떤 자세로 사역을 했는지가 잘 드러나는 구절이다.

나. 제자의 성장에는 세 사람의 책임이 따른다 : 제자, 순장 그리고 하나님

갈 6:1-4

[1]형제들아 사람이 만일 무슨 범죄한 일이 드러나거든 신령한 너희는 온유한 심령으로 그러한 자를 바로잡고 너 자신을 살펴보아 너도 시험을 받을까 두려워하라

믿는 형제가 죄를 지은 것을 발견하거든 그러한 자를 바로 잡아야 한다. (restore : 이것은 일반 헬라어에서 부러진 뼈를 바로 잡는다는 의미로도 쓰였다) 이럴 때 성숙한 순장의 태도는 자신도 동일한 죄에서 자유롭지 못함을 깨닫고 온유한 심령으로 이 문제를 다루어야 한다.

[2]너희가 짐을 서로 지라 그리하여 그리스도의 법을 성취하라

한 사람의 죄로 생각하지 말고 서로 기도와 격려로 유혹과 영적 실패에 대한 짐을 나누어지라는 의미이다. 이런 태도로 서로를 돌본다면 이것은 자연스럽게 예수 그리스도의 법, 즉 사랑의 원리를 실천하는 것이다.

[3]만일 누가 아무 것도 되지 못하고 된 줄로 생각하면 스스로 속임이라

2절과 같이하기 위해서 주의해야 할 것이 있다. 그것은 편협한 판단의 태도와 죄를 지은 형제에 대한 정죄와 자신은 그런 자들과 다를 것이라는 자기기만(스스로 속임)적 태도이다. 3절은 바로 그런 모습을 설명하고 있는 것이다. 그렇게 되지 않기 위하여 우리에게 필요한 태도가 바로 4절에 나와 있다.

[4]각각 자기의 일을 살피라 그리하면 자랑할 것이 자기에게는 있어도 남에게는 있지 아니하리니

즉 1절과 같은 일을 당하면 서로를 돌아보면서 또한 각자 자기 일을 살피라는 것이다. 즉, 죄 있는 형제와 자신을 비교하면서 안심할 것이 아니라 자신의 행동을 한 발작 뒤로 물러서서 객관적인 눈으로 관찰해 올바른지 살피라는 것이다. 그러면 하나님께서 자신의 삶 속에서 하신 올바른 일들로 인하여 자랑할 것(자부심)이 있을 것이라는 말씀이다. 여기서 '자랑할 것'의 의미는 자만이 아니라 '자신의 기쁨'을 의미한다.

고전 3:5-8

[5]그런즉 아볼로는 무엇이며 바울은 무엇이냐 그들은 주께서 각각 주신 대로 너희로 하여금 믿게 한 사역자들이니라

이 구절의 문맥은 성도들이 바울파와 아볼로파로 나뉘어 다투므로 바울이 신학적인 정리를 해준 것이다. 둘 다 (바울이나 아볼로나) 하나님의 사역자들이다.

[6]나는 심었고 아볼로는 물을 주었으되 오직 하나님께서 자라나게 하셨나니

한 사람은 심었고 다른 한 사람은 물을 주었다. 서로의 역할이 다르다.

[7]그런즉 심는 이나 물 주는 이는 아무 것도 아니로되 오직 자라게 하시는 이는 하나님뿐이니라

궁극적으로 자라게 하신 이는 하나님이심을 일깨워 준다.

[8]심는 이와 물주는 이는 한가지이나 각각 자기가 일한 대로 자기의 상을 받으리라

심는 것과 물주는 일에 우열이 있을 수 없지만 단지 차이점은 두 사람 다 각각 하나님 앞에서 얼마나 충성되게 일했느냐에 따라 자기의 상을 받을 것이라는 것을 가르쳐 준다. 순장도 마찬가지이다. 중요한 것은 바울이 가르쳐 준 원리, 즉 하나님 앞에서 얼마나 충성스러운가가 관점인 것이다.

위의 말씀에 따르면 제자의 성장에 영향을 미치는 제자, 순장, 하나님의 역할은 각각 무엇인지 나누어 보라.

각 사람은 100%의 책임이 있다.

이 강의 동안 우리는 어떻게 우리의 제자들에게 좋은 본보기가 될 수 있을 것인지를 토론해 보기로 하자. 왜냐하면 우리의 행동이 우리가 제자들에게 영향을 끼치기 때문이다.

## 2 모범이 되는 것의 목적

먼저, 모범의 목적을 생각해 보자. 우리의 목적은 제자화의 목적과 연관되어야 한다.

모범이 되는 목적은 하나님의 말씀에 순종하여 지상명령 성취를 돕는데 적극적으로 헌신한 성령 충만한 그리스도인의 삶의 본보기를 보여주기 위함에 있다.

더 짧게 말하자면, 모범의 목적은 삶의 본보기를 보여 주는 것이다. 어떤 삶에 대한 본보기인가? 우리의 제자나 순원들이 하나님의 말씀에 잘 순종하는 삶의 본보기이다. 또한 그들이 지상명령 성취를 돕는데 적극적으로 헌신하도록 하는 모범이다. 또한 성령 충만한 그리스도인의 삶의 모범을 보여주는 것이다. 우리 자신에게도 도전이다.

그러나 꼭 완벽을 원하는 것이 아니다. 이런 목표를 가지고 성장해 가는 모습을 보여 주는 것 또한 모범이다. 완벽한 부모는 없다. 그러나 좋은 부모가 되기 위해 노력하는 모습은 그 자체가 훌륭한 것이다.

## 3 모범이 되기 위한 두 가지 원칙들

### 가. 당신의 모습 그대로 제자들이 본받을 것이다.

부모님들이 자식들에게서 제일 싫은 점은 자신들의 약점을 그대로 닮아서 행동하거나 말할 때라고 한다.

싫든 좋든 우리의 모습을 제자들이 많이 본받는다. 순장되기 쉽지 않다.

1) 유는 유를 낳는다. (Like produces like) (또는 동질은 동질을 낳는다)
(창 12:10-20; 26:6-11)

창세기 12:10-20을 읽으라. (돌아가면서 읽으면 더 좋다)

창세기 12장에서 아브라함은 살기 위해 바로에게 사라가 자신의 누이라고 거짓말했다. 이제 아브라함의 아들 이삭이 비슷한 상황에서 어떻게 이야기했는지를 보자.

한 사람에게 창세기 26:6-11을 읽게 하라.

창 26:6-11 6이삭이 그랄에 거주하였더니 7그 곳 사람들이 그의 아내에 대하여 물으매 그가
말하기를 그는 내 누이라 하였으니 리브가는 보기에 아리 따우므로 그 곳 백성이 리브가로 말
미암아 자기를 죽일까 하여 그는 내 아내라 하기를 두려워함이었더라 8이삭이 거기 오래 거주
하였더니 이삭이 그 아내 리브가를 껴안은 것을 블레셋 왕 아비멜렉이 창으로 내다본지라 9이
에 아비멜렉이 이삭을 불러 이르되 그가 분명히 네 아내거늘 어찌 네 누이라 하였느냐 이삭이
그에게 대답하되 내 생각에 그로 말미암아 내가 죽게 될까 두려워하였음이로라 10아비멜렉이
이르되 네가 어찌 우리에게 이렇게 행하였느냐 백성 중 하나가 네 아내와 동침할 뻔하였도다
네가 죄를 우리에게 입혔으리라 11아비멜렉이 이에 모든 백성에게 명하여 이르되 이 사람이나
그의 아내를 범하는 자는 죽이리라 하였더라

놀랍게도 이삭은 그의 아버지와 똑같이 행동했다.

아브라함은 이삭이 태어나기 수년 전에 거짓말했었지만 그것은 이삭에게 영향을 끼쳤다. 유가 유를 낳는 또 다른 실례가 있다. 사기꾼 야곱은 그의 형 에서로부터 장자 권을 훔쳤다. 후에 야곱은 자신의 아들들이 막내 요셉을 노예로 팔 때 지독한 속임의 희생이 되었다. 그들은 아버지께 요셉이 들짐승에게 잡혀 먹혔다고 속였다.(창 27; 37:18-35) 그래서 유는 유를 낳는다. 우리의 제자들은 우리가 어떻게 행동하는지를 보고 우리의 본을 따른다. 그들은 여러 번 무의식적으로 그렇게 행동한다.

### 2) 심는 대로 거둔다.(갈 6:7-10)

바울은 갈라디아 교인들에게 선을 행하는데 낙심하지 말 것을 경고한다.
한 사람에게 갈 6:7-10을 읽게 하라 (혹은 돌아가면서 읽게 해도 좋다).

갈 6:7-10

7스스로 속이지 말라 하나님은 업신여김을 받지 아니하시나니 사람이 무엇으로 심든지 그대로 거두리라

하나님의 원칙은 결코 변하지 않는다. 그 원칙 중 하나는 '심은대로 거두는 것'이다. 그러므로 이 원칙을 지키시지 않을 것이라고 스스로 속이지 말아야 한다.

8자기의 육체를 위하여 심는 자는 육체로부터 썩어질 것을 거두고 성령을 위하여 심는 자는 성령으로부터 영생을 거두리라

7절의 원칙대로 하면 심는 자에게는 자기가 무엇을 심을지 결정권이 있다. 육체의 욕구대로 사는 자는 결국 나중에 썩어지고 망각되어질 것에 투자하고, 하나님의 사역에 심는 자는 자신의 영적 성장에 도움이 되고 영원히 남을 일에 투자한다.

9우리가 선을 행하되 낙심하지 말지니 포기하지 아니하면 때가 이르매 거두리라

사도바울이 이렇게 말하는 이유는 때로 하나님의 일은 열매를 거두는 데 시간이 걸리기 때문이다. 그러나 분명한 것 한 가지는 언젠가 꼭 열매를 거둔다는 것이다. 하나님 일에 실패로 돌아가는 추수는 없다. 단지 하나님의 '때'에 거둘 것이다. 이 세상에서가 아니더라도 마지막 때에라도 꼭 거둘 것이라는 확신과 약속이다.

10그러므로 우리는 기회 있는 대로 모든 이에게 착한 일을 하되 더욱 믿음의 가정들에게 할지니라

그러므로 기독교인들은 기회가 있을 때마다 상대방이 믿든지 안 믿든지에 관계없이 착한 일을 해야 한다. 이것이 기독교인이 가지고 있는 사회적 책임이다. 그러나 우선순위를 굳이 정하자면 믿는 자들의 가정이 우선되어야 한다.

사람은 심는대로 거둔다. 우리는 그것들이 긍정적인지 부정적인지의 결과들을 즉시 볼 수 없다.

(1) 우리는 우리의 제자들에게서 모범의 결과를 즉시 보지 곳하기 때문에 게으르 거나 나태 해지게 된다.

우리가 순 모임에 늦게 나타난다면, 우리의 제자들 역시 늦게 올 것임을 짐작할 수 있다. 우리가 하나님께서 우리의 필요를 채워주심을 믿는데 어려워한다면 우리의 제자들 역시 믿음 부족 현상을 나타낼 것이다.

우리가 불성실하게 순모임을 준비해 온다면 우리의 제자들 역시 숙제를 준비해 오지 않을 것임을 짐작할 수 있다. 반대로 우리가 성실하게 준비해 올때 긍정적인 결과를 기대할 수 있다. 우리가 잘 준비해 온다면, 우리의 제자들도 결국 잘 준비해 올 잠재력을 가지게 된다.

(2) 예수님의 기도생활은 어떻게 좋은 모범 이 긍정적 으로 그의 제자들에게 영향을 끼칠 수 있었는지의 예증이 된다.

한 사람에게 누가복음 11:1을 읽게 하라.

눅 11:1 예수께서 한 곳에서 기도하시고 마치시매 제자중 하나가 여짜오되 주여 요한이 자기 제자들에게 기도를 가르친 것과 같이 우리에게도 가르쳐 주옵소서

제자가 예수님께 기도를 가르쳐 달라고 한 계기가 무엇인가?

예수님의 제자들은 그분의 기도생활을 보고 자신들도 배우고 싶어 했다. 우리의 제자들이 우리의 생활을 관찰할 때 그들은 우리가 중요하다고 가치를 두는 것과 우리가 불필요하다고 여기는 것을 보게 될 것이다.

## 나. 행동 이 말보다 더 능력이 있다.

다음과 같은 말을 들어 보았는가?

'당신의 행동 때문에 당신의 말이 설득력이 없습니다.'

### 1) 사랑을 표현하지 않으면서 사랑을 가지고 있다고 말하는 것은 소용이 없다.

요일 3:17 누가 이 세상의 재물을 가지고 형제의 궁핍함을 보고도 도와 줄 마음을 닫으면 하나님의 사랑이 어찌 그 속에 거하겠느냐

우리의 제자들은 우리의 행동으로 우리의 믿음과 확신의 실제를 안다.

다음의 사례 연구를 읽고 서로 의견을 나누라.

2) 사례 연구

(1) 명수는 제자화순 순장이었고 가는 곳마다 변함없이 그리스도를 전했다. 명수는 종종 어떤 일이 있어 나갈 때에 그의 순원 한호가 같이 가고 싶어 하면 그를 데리고 갔다. 한호는 명수의 가족들을 만날 때도 있었고 명수의 친구들과 놀러갈 때도 몇 번 있었다.

어느날, 명수는 한호와 일상적인 전도에 대해 자세히 말한 적이 없었는데도 한호가 솔선하여 전도하는 모습을 보았다. 명수는 한호에게 어떻게 그런 변화가 일어났는가 하고 물었다. 한호는 "순장님이 그렇게 하는 것을 보며 나 역시 하나님께서 그러한 방법으로 사용하실 수 있다는 것을 깨닫게 되었어요. 그래서 할 수 있는 대로 전도하기 시작했습니다!"라고 말했다.

한호는 명수를 자연스럽게 관찰한 결과 말로 가르치지 않았는데도 그의 삶 속에서의 그리스도를 전하는 모습을 보고 멋지게 느꼈으며 용기를 낼 수 있었다.

(2) 상미는 이웃 여자들과 제자화 순을 인도하고 있었다. 수 주일간 그녀는 전도의 중요성과 실제로 어떻게 전도하는지에 대해 가르쳤다. 그리고 그들은 다과전도 모임을 갖는 것에 대해 토론했다. 그런데 어느 날 상미는 자신의 순모임 때 아무도 전도에 대해 이야기하지 않는 것을 눈치챘다. 상미는 순원들에게 전도의 중요성과 전도할 것을 더욱 강조했지만 아무 열매가 없자 좌절감을 맛보게 되었다.

어느 날 상미는 이 문제에 대해 친구 순장인 태희와 이야기를 나누었다. 태희는 이야기를 듣고는 "상미야, 내가 볼 때 문제는 네가 하라고 했던 것을 네 순원들이 한 번도 실제로 보지 못했기 때문에 어떻게 해야 할지 아무도 아이디어가 없는 것 같애. 다과 전도 모임에 대해 이미 이야기했으니 실제로 그 모임을 해서 안 믿는 친구들을 초대하고 전도하는 일을 함께 해보면 어떠?"라고 조언을 주었다.

상미는 그 말대로 다과 전도모임을 가졌으며 그녀의 순원들은 큰 반응을 보였고 그 모임을 준비하며 서로 기도하고 더욱 친근하게 뭉쳤으며 다과모임을 가진 이후에 순원들 모두 전도모임을 했다는 자부심에 감격해 했고 그 과정에서의 간증들이 쏟아져 나왔다. 다음 제자화순 모임 중 순원들은 모두 자신의 집에서 다과 전도모임을 갖는 것을 자원했으며 계속 전도모임을 하자고 진지하게 토론하고 실천계획을 짜게 되었다.

(3) 관찰

위의 사례 연구를 통해 관찰 한 바를 서로 나누는 시간을 가지라.

순원들이 다음 제안을 하지 않을 때 다음 내용을 전달하라

1. 명수는 믿음과 일상적인 전도의 모범을 보였다. 그의 제자는 그와 같은 행동을 자연스럽게 하였으며 용기를 낼 수 있었다.
2. 상미는 전도에 관해 이야기했지만 실제 삶에서의 모범을 보이지 않았다. 행동이 말보다 더 전달력이 있기 때문에 그녀의 순원들은 전도하지 않았다.
3. 상미가 본을 보이지 않을 때 그녀의 친구 태희는 믿음으로 실천하는 본을 보여주기를 조언했다. 상미가 그 조언을 따라 전도모임을 했을 때 상미의 행동이 그녀의 가르침의 말을 강화시키고 순원들에게도 열매를 맺는 효과를 가져왔다.

이제 모범의 원칙들을 이해했으면, 그 반대인 위험성에 대해서도 살펴보자.

## 4 모범이 되는데 있어서의 한 가지 위험

한 가지 위험은 우리의 제자들로 하여금 우리의 실제 있는 모습 그대로를 보게 하는 것이 아니라 제자들에게 위선적 이 되는 것이다.

때때로 우리는 제자들에게 우리의 실패나 생활 속의 부족한 면을 보이고 싶어 하지 않는 경향이 있다. 그것은 그들 안에 우리에 대한 가상적인 완전의 기준을 갖게 하는 인

위적인 압력을 조성한다. 제자들과의 친밀성은 종종 그들이 우리도 단점이 있는 평범한 인간임을 볼 때 생기게 된다.

솔직히 우리의 실패를 인정하면서 주님께서 이러한 실패와 연약함을 극복하게 해 주실 것에 대한 신뢰를 나타내야 한다. 그럴 때 순원들은 '실패 속에서도 주님을 신뢰하는' 현실적인 신앙생활의 참 모습을 배우게 된다.

제자들이 우리를 있는 그대로 볼 수 있는 몇 가지 방법을 살펴보자.

## 5 당신의 제자들이 당신의 생활을 관찰하게 하라.

### 가. 그들을 초대해 당신 생활의 구체적 영역을 관찰하도록 함께 있으라. (눅 6:40)

눅 6:40 제자가 그 선생보다 높지 못하나 무릇 온전케 된 자는 그 선생과 같으리라
제자들은 결국 자신이 따르고 모방하는 선생처럼 된다는 것을 아시고 예수님께서는 제자들에게 '나를 본 받으라고' 권고하신다.

제자들이 우리의 생활을 관찰하게 할 때 그들은 우리 모범의 영향력 아래 들어오게 된다. 제자화는 강의실이나 순모임에서 일어나는 것이 아니다. 제자들이 우리의 생활을 지켜보고 우리를 통해 그리스도를 볼 때 성령께서 그들이 구주를 닮아가도록 동기 유발할 때 제자화가 일어난다.

제자 중 한 사람을 당신의 경건의 시간을 관찰하도록 초대하라. 그들은 평상시에 이것을 보지 못했기 때문에, 당신이 어떻게 하나님과 시간을 보내는지를 본다면 큰 영향

을 받을 것이다. 아니면 그들에게 전도모임에 같이 가자고 초청하라. 당신을 관찰할 때 그들은 동기 부여를 받아 솔선하여 비슷한 모임을 만들 것이다.

순원들에게 그들의 제자들을 초대해서 관찰하게 할 구체적인 생활 영역을 즉석에서 토의하게 하라.

제자들에게 어떤 특정한 이벤트에 같이 가도록 초대함으로 여러분은 그 시간을 두 배로 사용할 수 있다. 제자들이 생활속에서 당신의 모범을 관찰하여 배우고 실천할 수 있는 기회가 되기 때문이다.

### 나. 일상 활동들 가운데 함께 시간을 보내라.

제자들과 함께 시간을 보낼 때 반드시 영적인 활동을 해야만 하는 것은 아니다. 일상의 여러 활동들도 제자화에 큰 도움이 된다. (예, 여가활동, 스포츠 관람, 극장, 도서관에서 함께 공부 등)

다음의 예를 보라.

이것은 미국 CCC 간사의 실화이다.
한 사람에게 읽게 하라. 순원 교재의 페이지를 언급하라.

예화

한 국제 CCC 간사의 경험

어느 겨울날 내가 미네소타에 살고 있었을 때, 새 신자인 한 학생이 콜로라도로 스키 여행을 가자고 초대했다. 그는 우리가 30시간 동안 차를 타고 가며 스키 장소에서 3일간 지내다 돌아온다고 했다. 나는 기꺼이 그와 함께 갔다. 도중에 이 학생은 나에게 수 많은 질문들을 했다. 운전하면서, 쉬면서, 스키를 타면서, 리프트에서 나는 그의 끝없는 질문들에 대답했다. 그는 돌아오는 길에서도 계속 질문을 했다. 이것이 얼마나 힘든지 당신은 상상할 수 있겠는가? 나는 그 어느 때보다도 정신적인 것은 말할 것도 없고 육체적으로도 너무 피곤한 상태였다.

우리가 돌아온 지 2주일쯤 후에, 우리는 이야기를 했는데 그는 기억에 남을 만한 것을 배웠다고 했다. 나는 자연히 호기심이 일어나 무엇을 배웠는지 물었다. 그러자 그는 우리가 여행에서 돌아올 때를 상기시켰다. 우리는 돌아오던 첫날밤에 러브랜드채스의 얼어붙은 길을 운전하고 있었다. 날씨가 따뜻했기 때문에 쌓인 눈이 녹았으나 밤에는 녹은 눈은 얼어붙어 있었다. 그러므로 모든 차들이 언덕길을 느리게 기어 올라가야 했다.

그러나 도로 사정만이 문제가 아니었다. 산꼭대기의 추운 날씨 때문에 모든 차들이 캬브레타 문제를 가지고 있었다. 내 차도 예외는 아니었는데 계속 가기 위해 우리는 엔진 뚜껑을 들어 올리고 공기 여과기를 제거했다. 한 사람이 차와 함께 달리며 밸브를 열어놓는 동안 (그리하여 충분한 공기를 흡인하였음) 다른 한 사람은 차를 몰아 산 꼭대기를 넘었다.

그는 그 사건에 대한 기억을 떠올리며, “그것은 나에게 믿을 수 없을 정도의 인내의 훈련이었습니다. 그것이 내 차였다면 나는 마음이 상하고 화나며 좌절했을 것입니다. 그렇지만 당신은 불만의 모습이 전혀 없이 조용하고 평안해 보였습니다.” 라고 말했다.

나는 그때 어떤 것도 그에게 말하지 않았고 어떤 지식도 주지 않았으며 그를 감동시키려고 생각하지도 않았다. 단지 그는 상황과 그것에 대한 나의 반응을 보고 감동을 받은 것이었다. 나도 생각지 못한 것을 그는 관찰한 것이다! 그 많은 질문들에 대해 답한 것은 별 감동이 없었나 보다. 그에게는 실제 삶의 모습이 더 다가왔던 것 같다.

제자들은 종종 일상생활의 사건들 가운데 우리를 관찰함으로 더 많이 배운다. 일상생활의 좌절 및 화나는 일들에 대한 우리의 반응은 수차례의 성경공부에서 가르칠 수 있는 것보다 더 많은 것을 우리의 제자들에게 가르쳐줄 것이다.

우리의 모범은 우리가 개발하는 제자화의 질적인 면에 크게 영향을 미친다. 그러므로 우리는 우리의 생활 가운데 탁월성을 향해 끊임없이 노력해야 한다.

## 6 탁월한 모범이 되기

### 가. 우리는 모든 일을 주님의 이름 으로 해야 하기 때문에 탁월한 모범을 보여야 한다.

주님의 이름으로 어떤 일을 한다는 것은 기쁜 마음으로 우리의 행동을 주님의 행동 수준에 올려놓는 것을 뜻한다.

우리의 제자들이 주님을 경외하며 섬기기를 원한다면 탁월성을 추구해야 한다.

우리는 불신자에게 뿐만 아니라 그리스도인들에게도 예수 그리스도를 나타낸다.
골로새서를 보라.

골 3:17 또 무엇을 하든지 말에나 일에나 다 주 예수의 이름으로 하고 그를 힘입어 하나님 아버지께 감사하라.

이 말씀은 두 가지를 가르친다.

1) 말이든 행동이든 무엇을 하든지 주님의 이름으로 하라

2) 감사하는 마음으로 하라. 이것이 우리가 추구해야 하는 탁월성의 중요한 원리이다.

신명기의 말씀을 묵상해 보라. 무엇을 가르쳐 주는가?

신 32:4 그는 반석이시니 그가 하신 일이 완전하고 그의 모든 길이 정의롭고 진실하고 거짓이 없으신 하나님이시니 공의로우시고 바르시도다

주님의 일은 완전하다고 가르친다.
바로 이것이 우리가 본받아야 할 기준이다.

우리는 우리의 활동들을 다른 사람의 것과 비교해 보는 경향이 있지만 그것은 건전하지 못하다. 우리는 우리 자신을 그리스도와만 비교해 보아야 한다.

성령께 그렇게 할 수 있도록 능력을 달라고 요청하라.
우리의 생활을 지도해 달라고 기도하라.
그분의 탁월성을 우리 안에 이루어 달라고 구하라.

또 다른 탁월한 모범이 되어야 하는 이유는 …

## 나. 우리는 그리스도의 수준 을 추구하도록 부르심을 받았다.(롬 8:29)

우리의 부르심이 우리의 제자들보다 10% 아니면 50% 더 성숙해야 하는 것이 아니라 그리스도의 수준을 추구하기 위해 부르심을 받았음을 기억해야 한다. 우리의 제자들도 그리스도를 닮아가는 목적으로 우리를 능가하기를 원해야 한다.

로마서 8:29을 읽어보자.

롬 8:29 하나님이 미리 아신 자들을 또한 그 아들의 형상을 본받게 하기 위하여 미리 정하셨으니 이는 그로 많은 형제 중에서 맏아들이 되게 하려 하심이니라.

이 말씀은 하나님께서 우리들로 그 아들의 형상을 본받게 하기 위하여 미리 정하셨다고 말한다. 또한 예수그리스도를 맏아들이 되게 하셨는데 그 이유는 믿는 자들로 하여금 이 맏아들을 본받게 하기 위해서이다.

순원들에게 어떻게 제자들에게 탁월한 모범을 보여줄 수 있는지 생각해보게 하라.

10분간 아래 워크숍 부분에 답을 채워 넣게 하라.

## 7 워크숍

가. 당신의 제자들이 당신의 행동 및 태도들을 본받는 것을 알 때 당신은 삶의 어떤 영역을 변화시키겠는가? (당신의 실례, 즉 전도, 믿음, 개인적 성결함 등의 영역에 있어 스스로 주저함을 갖고 있는 영역은 무엇인가?)

하나님 앞에 솔직하게 고백하고 도움을 청하라. 하나님은 도와주시기를 기뻐하신다. 당신이 아들의 형상을 본받기 원하시기 때문이다.

나. 당신은 어떤 영역에서 제자들이 당신의 모범을 따르기를 원하는가? (본인이 비교적 자신 있는 영역은?)

어떻게 하면 이 영역들에서 까지도 더 탁월함을 추구할 수 있겠는가?

다. 제자들이 당신의 생활을 관찰하고 있다고 생각해 보자. 이것이 당신의 행동, 즉 일어나는 상황에 대한 평소의 반응에 대해 스스로를 평가해 보라. (예를 들면, 화가 날 때 나는 주로 어떤 언어를 쓰며, 어떤 행동을 하며, 어떤 감정을 남에게 혹은 스스로에게 표출하는가?)

10분 후에 아래와 같이 말하라
"우리가 우리 생활 가운데 탁월성을 추구할 때 우리 제자들의 생활과 우리와 같이 일하고 사는 사람들의 생활 속에 풍성한 결과들이 나오기를 기대할 수 있습니다."

"하나님께 우리를 탁월한 모범으로 세워 주시도록 구하는 기도를 드립시다."
기도로 끝내라.

# 자기점검복습

## 모범이 되기

**1. 빈칸을 채우라.**

모범의 목적은 하나님의 말씀에 순종 하고, 지상명령 성취 를 돕는데 적극적으로 헌신한 성령 충만한 그리스도인의 삶의 본보기를 보여주는 것이다.

**2. 모범의 두 가지 원칙은 무엇인가?**

가. 당신의 모습 그대로 당신의 제자들이 본받을 것이다.

나. 행동은 말보다 더 능력 있다.

**3. 옳음 / 틀림 :** 제자들에게 진정한 우리의 모습을 보여주지 않는 것이 좋다.

**4. 우리의 제자들에게 우리의 생활을 보여주는 두 가지 방법 :**

가. 구체적 영역들

나. 일상 활동들

**5. 탁월한 모범을 추구하는 한가지 이유는 :**

우리는 모든 일들을 주님의 이름으로 해야 하기 때문이다.

우리는 그리스도의 수준을 추구하도록 부르심을 받았기 때문이다.

**순원들에게 정정할 시간을 주라.**

# 사랑스럽지 않은 사람들을 사랑하기

**- 개 관 목 적 -**

**이 과의 목적은 당신이 사랑스럽지 않은 이웃과 원수들을 사랑하는 일반적 원칙을 이해함으로 하나님과의 교제를 유지하도록 돕는 것이다.**

## 학 습 목 표

**이 과가 끝날 때 당신은,**

1. '네 이웃을 사랑하라' 는 예수님의 명령의 의미를 설명할 수 있다.
2. '네 원수를 사랑하라' 는 예수님의 명령의 의미를 설명할 수 있다.
3. 사랑스럽지 않은 이웃과 원수들을 사랑할 수 있도록 돕는 태도와 행동들을 말할 수 있다.

교재를 다 읽고 당신의 순모임을 인도하기 전에 그 내용을 완전히 이해하라.
제시된 답들을 읽기 전에 모든 질문에 당신 스스로 답해 보라.

순원들과 함께 학습목표를 읽으라.

기도로 시작하라

## 1 이웃을 사랑하라는 예수님의 명령 (눅 10:25-37)

누가복음 10:25-37을 읽으라. 이 구절은 모두가 잘 알고 있는 '선한 사마리아인의 비유'이다.

가. 예수님의 예화를 생각해 볼 때 사마리아인의 어떤 행동과 태도가 그를 선한 이웃이 되게 했는가?

그는 자신의 생명을 걸었다(강도들이 아직도 그 주위에 있었을 수도 있다); 낯선 사람의 비용을 친절히 지불했다; 가던 길을 멈추고 도울 만큼 관심을 보였다. 그는 그가 할 수 있는 최선을 다해 어려움을 당한 사람을 도왔다.

나. 다른 두 사람의 어떤 행동과 태도가 그들을 나쁜 이웃으로 만들었는가? (제사장과 레위)

그들은 교만해서 그들보다 사회적으로 지위가 낮은 사람을 도와주지 않았다; 그들은 자신을 위험에 빠뜨리는 것을 원치 않았다; 위험한 상황에 말려들고 싶어 하지 않았다; 이기적이었다; 다른 사람의 어려움에 일말의 동정심도 없었다; 자신들을 정당화하며 떠났다; 종교인들로서의 자격이 없었다.

다. 선한 사마리아인의 예화를 통해 예수님은 무엇을 말씀하시고자 했는가?

어떤 율법사가 예수님께 영생을 얻는 방법을 물었다 (25절). 예수님과 율법사의 대화 중에 “주 너의 하나님을 사랑하고 또한 네 이웃을 네 자신 같이 사랑하라”는 말씀이 나왔다 (27절). 예수님은 그 말을 지키면 살 수 있다고(생명을 얻음) 답하셨다(28절). 그 때 율법사가 ‘이웃’이 누구냐고 물었다. 그 답을 주시기 위해 예수님이 ‘선한 사마리아인’의 비유를 말씀하셨다.

유대인들은 사마리아인들을 경멸했다. 아이러니컬하게도 예수님의 비유에서는 유대인 종교지도자(제사장과 레위)들 보다도 오히려 선한 사마리아인이 모세의 율법이 요구하는 사랑의 태도를 가졌다. 그것이 바로 우리가 마땅히 가져야 할 태도이다. 진정한 이웃은 다른 사람의 필요를 보고 지나치지 않고 도움과 사랑을 주는 사람이다.

라. 예수님이 이 이야기 속에서 가르쳐 주고 계신 것을 우리들 자신의 삶에 어떻게 적용할 수 있겠는가?

예수님이 말씀하신 것처럼 이웃을 향해 어떻게 당신의 태도나 행동들을 변화시킬 수 있는지 당신이 갖고 있는 생각이나 관찰한 바를 나누라.
순원들에게 나누게 한 후 주위에 있는 사람들의 필요에 민감하고 그들의 필요를 채워줄 수 있게 해달라고 대화식으로 기도하라.

## 2 원수를 사랑하라는 예수님의 명령 (마 5:38-47)

예수님이 사랑에 대해 말씀하셨을 때 하신 또 다른 명령에 대해 이야기해 보자

마태복음 5:38-47의 내용이다. 아무나 큰 소리로 읽게 하라.

마 5:38-48 [38]또 눈은 눈으로, 이는 이로 갚으라 하였다는 것을 너희가 들었으나 [39]나는 너희
에게 이르노니 악한 자를 대적하지 말라 누구든지 네 오른편 뺨을 치거든 왼편도 돌려 대며 [40]
또 너를 고발하여 속옷을 가지고자 하는 자에게 겉옷까지도 가지게 하며 [41]또 누구든지 너로
억지로 오 리를 가게 하거든 그 사람과 십 리를 동행하고 [42]네게 구하는 자에게 주며 네게 꾸고
자 하는 자에게 거절하지 말라 [43]또 네 이웃을 사랑하고 네 원수를 미워하라 하였다는 것을 너
희가 들었으나 [44]나는 너희에게 이르노니 너희 원수를 사랑하며 너희를 박해하는 자를 위하여
기도하라 [45]이같이 한즉 하늘에 계신 너희 아버지의 아들이 되리니 이는 하나님이 그 해를 악
인과 선인에게 비추시며 비를 의로운 자와 불의한 자에게 내려주심이라 [46]너희가 너희를 사랑
하는 자를 사랑하면 무슨 상이 있으리요 세리도 이같이 아니하느냐 [47]또 너희가 너희 형제에게
만 문안하면 남보다 더하는 것이 무엇이냐 이방인들도 이같이 아니하느냐 [48]그러므로 하늘에
계신 너희 아버지의 온전하심과 같이 너희도 온전하라

우선 우리의 원수, 나를 괴롭히는 자, 그리고 내가 싫어하는 자들을 사랑하는 것에 중점을 두고 있는 이 말씀에서 원칙들을 찾아보자. 각자 원칙들을 찾도록 시간을 준 후 다음의 질문을 하라.

### 가. 여기서 가르치고 있는 원칙들은 무엇인가?

"눈은 눈으로"라는 정당한 권리를 행사하지 말라; 악한 자를 대적하지 말라; 다른 쪽 뺨도 돌려대라; 너의 겉옷을 빼앗거든 속옷도 주라; 두 배의 거리를 가주라; 구하는 자들에게 주고 거절하지 말라; 원수들을 사랑하라; 너를 핍박하는 자들을 위해 기도하라.

참고

'눈은 눈으로 이는 이로'는 lex talionis (렉스 탈리오니스: law of retaliation의 의미)로 탈리오 법칙이라고도 부르는 동태 복수법으로 구약에 나온다. 보복이 지나치지 않도록 상대방을 보호하는 법칙이다 (출 21:24; 레 24:20; 신 19:21). 즉, 눈이 상했으면 상대방도 눈만 상하도록 해야지 눈과 얼굴 전체를 상하게 하면 안 된다는 일종의 보복하는 자를 절제시켜 주는 법이라고도 할 수 있다. 이것은 보복을 허용함으로 보복자의 정당한 권리를 가르친다.

## 나. 이 가르침 속에서 예수님이 말씀하시고자 하는 핵심은 무엇인가?

유대인들은 이러한 탈리오 법칙에 의해 원수는 미워해도 된다는 정당성을 가지고 있었다. 그러나 예수님은 그러한 것은 이방인도 하는 것이므로 그것을 넘어서는 사랑의 법을 가르쳐 주신다 → 너의 원수가 너에 대한 그의 증오를 없애줄 만큼의 사랑을 가지고 그를 사랑하라; 사랑은 어떠한 악행도 초월한다. 사랑은 심지어 원수들을 위해 기도하고 애써 그들을 돕는 것을 말한다.

다음의 사례연구는 과거 어느 월요일 아침 신문에 난 기사에 의거한 것이다.
사례 연구를 한 사람이 읽게 하라. 그리고 각자 생각하는 바를 나누어보라.

## 다. 사례연구

앤과 토마스 골든 부부는 그들의 딸이 강간을 당하고 무참하게 살해되었다는 끔찍한 소식을 들었을 때 심장 속을 칼로 후비는 경험을 했다.

그들은 보통 사람들이 겪는 고통과 슬픔 그 이상을 체험했다. 그러나 이들 부부는 초자연적인 하나님을 믿고 있었으며 그분의 주권과 능력을 의지하고 있었다. 그렇기 때문에 이들의 반응 역시 초자연적인 것이었다. 토마스는 "내가 견딜 수 없는 증오로 불타게 되는 것이 마땅하다. 하지만 그것이 무슨 소용이 있겠는가! 그렇다고 내 딸이 살아 돌아올 수는 없다. 우리는 하나님께서 이 고통에서부터 선한 일을 이루실 것을 신뢰한다."고 말했다.

딸의 살인범이 수감된 후에 골든씨 부부는 그 살인범과 연락을 취하고 예수 그리스도를 통해 그를 용서하고 사랑할 수 있었음을 그에게 이야기하기 시작했다.

주위의 친구들과 사랑하는 사람들은 골든씨 부부가 보여 준 이 말할 수 없는 사랑의 행동에 놀라움으로 머리를 가로 저었다. 그들은 그 살인범이 종신형으로 살고 있는 주립교도소까지 2,000마일 (약 3200km: 참고로 경부 고속도로는 약 430km)을 여행했다.

"우리는 증오나 복수심을 품지 않고 마음속으로부터 이 특별한 사랑을 하기로 했습니다. 그가 예수 그리스도를 영접한다면, 그것은 우리를 가장 행복하게 하는 일일 것입니다"라고 그들은 고백했다.

골든씨 가족은 어떤 점에서 원수를 사랑하라는 예수님의 명령을 실행했는가?

그들은 그들의 딸을 죽인 남자를 증오하지 않았다; 복수하려 하지 않고 하나님께 그분의 능력과 관점을 주실 것을 기대하며, 그에게 예수님을 전하고, 그를 위해 기도했다; 초자연적인 힘으로 사랑했다.

그 결과는 어떠했는가?

많은 사람들에게 감동을 안겨 주었고 '사랑'의 실천적인 능력에 대해 본을 보여 주었다.

두 번째 이야기도 보기 드문 사랑에 대한 것이다. 이 이야기를 읽으라. 그리고 각자의 생각을 나누어 보라.

## 라. 사례연구

캐시는 남편과 함께 최근에 새로운 지역으로 이사를 했다. 그녀는 집안 정리가 되어가자 이웃들을 알아 가는데 열심을 내었다. 조직적으로 이웃을 방문했고 새로운 이웃이 된 자신을 소개했으며 그들에게 예수 그리스도를 전할 많은 기회를 가졌다.

어느 날 캐시는 길 건너편에 사는 "나는 아무와도 이야기하지 않아요, 특히 예수쟁이들에게는."이라고 말하는 한 부인을 만났다. 이 부인은 친구도 없고 또 아무도 그와 친구가 되려고 하지 않았다. 캐시는 "저와 친구가 되어주시겠어요?"라고 부탁했으나 그 부인은 감정적으로 "아니요"라고 불친절하게 대답했다. 캐시는 수모를 느끼고 속이 상했다. "사람이 어떻게 저렇게 무례할 수 있을까?" 다시는 상대하고 싶지 않았다. 그러나 주님께서 마태복음 5장에 있는 한 말씀을 생각나게 해 주셨다. "또 네 이웃을 사랑하고 네 원수를 미워하라 하였다는 것을 너희가 들었으나 나는 너희에게 이르노니 너희 원수를 사랑하며 너희를 박해하는 자를 위하여 기도하라." 캐시는 할 수 없이 이 말씀 때문에 기도를 했다.

하나님은 캐시가 길 건너편에 사는 이웃에 대한 불쾌감을 잊어버리게 하셨다. 상심한 마음이 없어져 버렸다. 그녀는 케이크를 구워 그 부인에게 들고 갔다. 그러나 그 부인은 문밖에 나와 보는 것도 거절했다. 하는 수 없이 캐시는 그 케이크를 관심을 나타내는 쪽지와 함께 현관 계단에 두고 돌아왔다.

그날 밤 그 케이크는 캐시네 현관 계단에 되돌아와 있었다. 캐시는 이 부인과는 더 이상 어찌 해 볼 수 없을 것 같다고 생각했지만 그녀는 다른 친구들과 함께 이 부인과 관계를 맺기 위해 계속 기도했다.

약 한 주간이 지난 후에 캐시네 현관문을 노크하는 소리가 들렸다. 문을 열었을 때 거기에는 길 건너편의 고집쟁이 부인이 몹시 불안한 모습으로 있었기에 그녀는 아주 깜짝 놀랐다. 그 부인은 도움이 필요했고 자기를 도울 수 있는 사람이 캐시라는 것을 알고 있었던 것이다.

캐시는 어떤 점에서 원수를 사랑하라는 예수님의 명령을 이행했는가?

그녀는 거부감과 수모감에도 불구하고 고집쟁이 부인에게 다가가는 노력을 했다; 친절과 사랑의 표현으로 주는 행위로 접근을 시도했으나 그것도 실패했다; 인간적인 노력이 한계에 달했으나 그녀는 포기하지 않고 기도를 통해 사랑을 표현했다; 믿음으로 사랑하는 법을 실천했다.

예수님의 이 두 가지 명령을 생각해 볼 때 우리는 종종 사랑이 어렵고 힘들다는 것을 알 수 있다. 예수님은 결코 그것이 쉽다고 말씀하시지 않았다. 우리 주위에는 우리 기분을 상하게 하는 자들, 우리를 오해하는 자들, 외로운 자들, 사랑스럽지 않은 자들, 우리보다 불운한 자들, 사회로부터 버림받은 자들, 병든 자들, 가난한 자들 등 많은 사람들이 있다. 예수님은 그들 모두를 불쌍히 여기시고 눈물을 흘리셨다. 그분은 우리들이 그분의 사랑으로 그들을 사랑하기 원하신다.

아가페 사랑은 어렵다. 우리가 우리의 원수들에게 그러한 사랑을 보이고 싶다고 해서 사랑할 수 있는 것은 아니다. 사랑하라는 예수님 명령에 우리가 순종할 때 비로소 할 수 있게 된다. 히브리서 11장 6절을 상기해 보자. '믿음이 없이는 기쁘시게 못하나니.' 우리를 통해서 초자연적인 사랑으로 사랑하시는 분에 의해 우리가 다스림 받고 능력을 받을 때 우리를 통해 아가페 사랑이 흘러나올 것이다.

우리의 이웃이나 혹은 사랑하기 힘든 사람, 왕따인 사람, 얄미운 사람, 전혀 사랑스럽지 않은 사람, 또한 원수라고 할 수 있는 사람들을 믿음으로 성공적으로 사랑한 예가 있으면 나누라. 또한 성공하지 못한 관계들의 예도 자유롭게 나누라. 아직 용서가 진행중인 사람들과의 관계도 나누라.

순원들이 생각하고 있는 동안 순장 자신의 예를 하나 나눌 준비를 하라. 순원들이 성공하지 못한 관계들에 대해 나눌 경우 그들이 어떻게 해야 좋을 것인가에 대해 서로 도움 될 만한 제안들을 하게 하라. 순장이 어떤 정답을 주려고 하지 않는 것이 좋다. 그냥 자연스럽게 서로의 생각을 나눌 기회를 주라.

기도로 마치라

1. 순원들이 나누었던, 원수들이나 이웃과의 어떤 해결 받지 못한 갈등들을 위해 특별히 기도하라.
2. 이웃이나 원수들을 믿음으로 사랑하게 하시는 주님의 능력에 대해 감사하라.
3. 실제적으로 원수나 이웃이나 가까운 사람과의 관계 개선을 위한 계획들을 짜라.

# 7 과

# 남녀 차이 존재하는가?

– 개 관 목 적 –

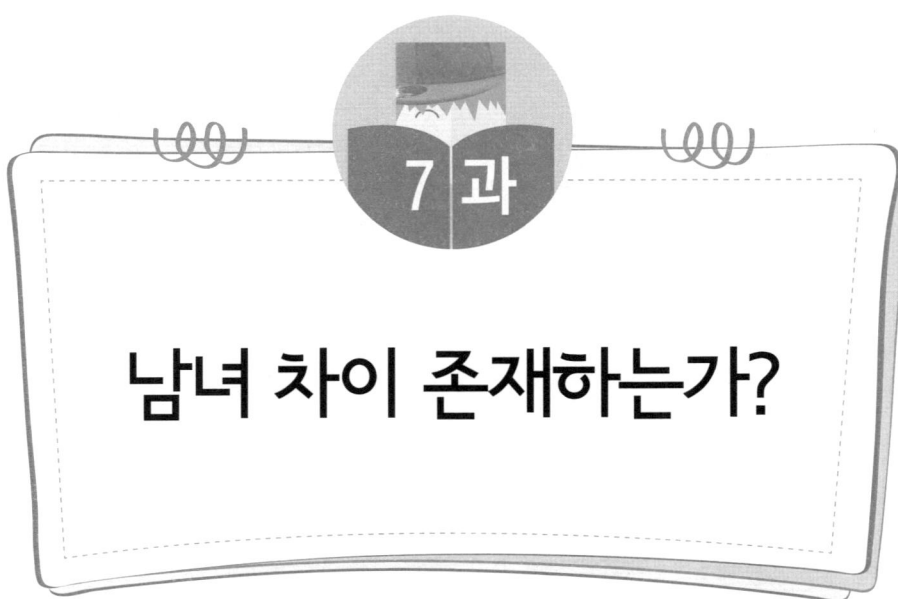

이 과의 목적은 남녀의 차이에 대해 바로 알고 서로를 격려하여 그리스도의 몸된 교회를 온전히 세워가는데 있다.

## 학 습 목 표

이 과가 끝날 때 당신은,

1. 남녀 사이의 몇 가지 차이점들을 말할 수 있다.
2. 이러한 차이점들에 비추어서 그리스도의 몸 된 교회 안에서 연결되어 조화를 이루며 일하기 위해 서로를 격려하고 완전케 하는 법을 설명할 수 있다.

## 1 서론

가. 하나님은 우리를 인격체 로 창조하셨다 - 하나님의 형상을 가진 사람으로 남자 혹은 여자가 되는 것은 우리들 각자가 자신의 인간성을 표현하는 방법이다.

나. 하나님은 남자와 여자를 그분 보시기에 동등하게 창조하셨다.

다. 그러나 하나님은 남자를 여자와 다르게 창조하셨다.

창조한 방법과 목적이 다르다.

라. 남자와 여자 사이에는 많은 감정적, 정신적, 신체적 인 차이점들이 있다.

## 2 왜 차이점들이 있는가?

가. 하나님은 서로를 완전케 하시기 위해 남자와 여자 사이에 차이점들을 허락하셨다.

나. 하나님의 궁극적인 목적은 우리들의 관계 속에서 그분 자신을 영화롭게 하는 것이다.

다. 하나님의 최종 계획은 남자와 여자를 둘 다 예수 그리스도의 형상으로 변화시키는 것이다.(고후 3:18)

고후 3:18 우리가 다 수건을 벗은 얼굴로 거울을 보는 것 같이 주의 영광을 보매 그와 같은 형상으로 변화하여 영광에서 영광에 이르니 곧 주의 영으로 말미암음이니라

모세의 얼굴에 빛나는 광채는 사라지고 지나가는 것이지만, 우리는 하나님의 영광을 반영하기 때문에 영원하다. 주의 영광으로 말미암아 우리도 그와 같은 형상으로 변화되는데 그것은 주의 영(Spirit)으로 가능하다.

## 3 몇 가지 차이점들은 무엇인가? (일반적인 것들)

물론 모든 남녀가 다 꼭 이렇다는 것은 아니다. 일반적으로 그렇다는 것이다. 역할이 뒤바뀐 경우도 많다. 중요한 것은 서로의 차이점을 이해하는 것이다.

가. 남자

1) 목표 지향적 - 일 속에서 성취감을 찾는 경향이 더 많다. (과업달성)

나. 여자

1) 사람 지향적 - 다른 사람들과의 관계 속에서 성취감을 찾는 경향이 더 많다. (자제하며 가정을 이루고 가족을 양육함)

| | |
|---|---|
| 2) 주도자 – 책임을 맡고 지도자가 되는 것을 좋아한다. | 2) 반응자 – 관계 속에서 따라가고 이끌림 받는 것을 좋아한다. |
| 3) 경쟁적 | 3) 협력적 |
| 4) 사실에 의거하여 논리적으로 결정한다. (논리적) | 4) 느낌과 직관에 의거하여 결정한다. (직관적, 감정적) |
| 5) 덜 민감해서 사실들을 자기의 일로 받아들이지 않는다. | 5) 보다 더 민감해서 사실들을 자기의 일로 받아들인다. |
| 6) 말이 적고 캐묻기를 좋아하지 않는다. | 6) 캐묻기를 좋아하며 자세히 알기를 원한다. |
| 7) 남자의 자아상은 종종 그의 일과 직업 관계면에서의 성공에 의거하고 있다. | 7) 여자의 자아상은 다른 사람들이 그녀를 어떻게 보고 있는가에 의거하고 있다. 그러므로 그들은 자기 자신에 대한 보다 큰 자신감을 필요로 한다. |
| 8) 남자들은 더 객관적 이다 : 그들은 전체를 본다. | 8) 여자들은 더 주관적 이다 : 그들은 세부사항에 더 관심이 많다. |

나. 우리가 이러한 차이점들을 알 때 서로를 더 잘 이해하고 완전케 할 수 있으므로 그리스도의 몸 된 지체들과 다투지 않게 된다.

## 4 남자를 격려하는 법

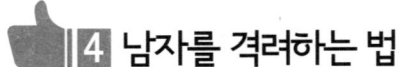

가. 당신이 원하는 바로서의 그가 아니라 현재의 그를 그대로 받아 들여라.

내가 원하는 모습으로 바꾸려 하지 말라.

결혼해서 가장 많이 저지르는 실수의 영역이다. 데이트 시절에는 서로의 다른 모습이 좋았는데 결혼을 하고 나서는 내가 원하는 모습으로 변화시키려고 많은 다툼과 비교와 상처를 주기 시작한다.

그가 도저히 도달할 수 없는 기준을 설정하지 말라. 그리스도가 그의 이상적인 기준이 되게 하라.

1) 당신이 동의하든 동의하지 않든 그의 최종적인 결정들을 진심으로 받아들여라. 이렇게 하는 것이 당신에 대한 그의 존경심을 크게 높여 줄 것이다.(순종과 헌신)

2) 그의 조언을 구하고 가능한 그의 제안들을 격려하고 따르라.

나. 그를 끊임없이 격려하라.

1) 격려의 정의 : 삶의 일상적인 임무를 수행함에 있어서 위로하고 견고하게 세우며 용기를 북돋아 주는 것. 그로 하여금 그가 잘 하고 있는 것을 보게 함으로써 그에게 생기를 주거나 혹은 동기 부여를 하는 것이다.

실례) 골 4:11-12; 몬 1:7; 롬 16장 - 바울의 삶에서 그를 격려했던 구체적인 사람들

골 4:11-12 [11]유스도라 하는 예수도 너희에게 문안하느니라 그들은 할례파이나 이들만은 하나님의 나라를 위하여 함께 역사하는 자들이니 이런 사람들이 나의 위로가 되었느니라 [12]그리스도 예수의 종인 너희에게서 온 에바브라가 너희에게 문안하느니라 그가 항상 너희를 위하여 애써 기도하여 너희로 하나님의 모든 뜻 가운데서 완전하고 확신 있게 서기를 구하나니

몬 1:7 형제여 성도들의 마음이 너로 말미암아 평안함을 얻었으니 내가 너의 사랑으로 많은 기쁨과 위로를 받았노라

**2) 그의 재능, 생각들이나 꿈을 칭찬하고 존중해 주라.**

**3) 그를 위해 기도하고 당신이 그를 위해 기도하고 있다는 것을 말하라. 그의 구체적인 기도제목들을 물으라.**

**4) 당신이 그의 성장이나 성취 면에서의 진보를 보았을 때 특별히 그를 칭찬하라.**

(1) 그에게 그것을 말하라.
(2) 다른 사람들에게 그에 대해 말하라.

**5) 지도자로서의 그에 대한 신뢰를 표현하라.**

(1) 그의 결정들을 지지하라.
(2) 그에게 실수할 여지를 허락하고 실수했을 때는 그의 용기를 북돋아 주라. "그러게 제가 말했잖아요."라는 핀잔하는 말은 절대 하지 말라.

**6) 그와 정직하고 재치 있게 대화하라.**

(1) 당신이 그를 주도하지 않는 방법으로 조언을 주라.
(2) 제안들은 하되 최종 결정은 그에게 맡기라. 그가 당신의 생각들을 받아들이지 않았다고 그것이 당신을 무시한 것으로 여기지 말라.

7) 창조적 인 방법으로 감사를 표현하라 - 짧은 편지, 작은 선물, 미소 등

## 다. 기타 고려 사항

1) 그가 말하고 싶어 하지 않으면 말하도록 강요하지 말라.

2) 그의 "머릿속 생각 등"을 너무 많이 알려고 하지 않도록 하라. 마음 중심을 쉽게 나누지 않는 남자들도 많이 있다. 그에 대해 오래 참고 민감 하라.

3) 그는 종종 한 번에 한 가지 혹은 그 이상의 일들을 성취 하려는 생각을 하고 있다는 것을 알라. 그렇다면 그가 민감하고 때때로 대체 왜 정신이 산란해 보이는지를 이해하는데 도움이 될 것이다.

4) 당신의 필요를 채워주시는 분은 궁극적으로 하나님이심을 깨달으라. 그가 하나님만이 채워주실 수 있는 필요들을 만족시켜 줄 것을 기대하지 말라.

5) 그에게 애매하게 기대하기 보다는 구체적으로 원하는 것을 나누도록 노력하라.

## 5 여자를 격려하는 법

### 가. 칭찬

1) 주로 그녀의 내적 자질 뿐 아니라 그녀의 일과 외양(모습)에 대해서도 칭찬하라.

당신이 그 사람을 칭찬할 때 그가 그렇게 된다.

2) 감사를 나타내 보이라. (그녀가 하고 있는 것 뿐 아니라 그녀 자신에 대해)

3) "사소한" 것들에 주의하라.(새 옷 등)

4) 그녀가 특별한 사람 임을 나타내 보여주라

모든 여자들은 한 남자의 인생에 그녀가 중요한 것 처럼 느끼고 싶어 한다.

(1) 그녀를 숙녀로 대우하라.
(2) 그녀에게 책임을 맡기고 그것을 취소하지 말라.
(3) 그녀에게 사역 임무에 참여할 것을 요청하라. (목사들, 교회 재직자들, 평신도들을 만나는 일등)

5) 그녀의 조언이 요구되지 않는 영역까지도 그녀의 조언 을 구하고 그것들을 사용하라.

## 나. 관심

**1) 그녀를 위해 _기도_ 하라.**

(1) 그녀에게 기도제목을 물으라.

(2) 당신이 그녀를 위해 기도하고 있다는 것을 그녀에게 말하라.

(3) 그녀에게 그 결과에 대해 물으라.

**2) 개인적인 _관심_ 을 보이라.**

(1) 그녀의 가족, 한 방을 쓰는 사람들, 남자친구들 등에 관해 물으라.

(2) 진지하게 그녀의 말을 들을 시간을 가져라.

(3) 함께 재미있는 일들을 하라.

**3) 어려움이 생겼을 때 _도움_ 이 되어 주라.**

(1) 그녀에게 그 문제에 대해 친구로서의 조언을 하라.

(2) 그녀에게 그 문제에 관한 하나님의 관점을 믿음의 형제로서 설명하라.

## 다. 일관성

**1) _하나님의 사람_ 이 되라.**

(1) 하나님이 당신에게 가르쳐 주고 계신 것들에 대해 정직하게 그녀와 나누라.

(2) 그녀에게 하나님이 그녀의 삶에서 역사하고 계신 것들에 관해 나누게 하라.

**2) _신사_ 가 되라**

(1) 온화하고 사려 깊은 자가 되라.

a. 그녀의 시간을 잘 생각해 주라.

b. 그녀의 힘을 고려하라.

(2) 그녀를 위해 무언가 할 일을 제안하라.(무거운 물건들을 들어주고, 그녀가 꼭 필요로 하는 일 등)

(3) 가끔 그녀의 몫을 대신 지불해 주라.

**3) 그녀에게 이상적인 기준 과 지침을 말해 주라.**

(1) 그녀에게 무엇이 당신을 괴롭게 하는가를 구체적으로 말하라.

(2) 그녀가 당신을 어렵게 하는 일을 하고 있다면 그녀에게 친절하고 지혜롭게 말하라.

**4) 그녀가 책망 받아 마땅할 때는 정직하고 솔직하게 책망하라.**

그러나 온화하게 하고 그녀가 성장의 기회로 여길 수 있도록 하라.
그녀가 똑같이 나를 정직하고 솔직하게 책망할 수 있도록 그녀에게 기회를 주라.
서로 성장하는 기회가 될 것이다.

# 8 과

# 선한 양심을 지키기를 배움

## -다른 사람들과의 관계-

- 개 관 목 적 -

이 과의 목적은 당신이 용서를 통해 선한 양심을 유지하는 방법을 이해 할 수 있게 돕는 것이다.

## 학 습 목 표

이 과가 끝날 때 당신은,

1. 선한 양심의 정의를 내릴 수 있다.
2. 선한 양심을 가지는 결과들을 설명할 수 있다.
3. 그 용서함으로 선한 양심을 지킬 수 있는 방법을 말할 수 있다.

인도자용 지침 및 순원 교재를 철저히 공부하라.
인도자용 지침서의 왼쪽 여백에 순원 교재의 실제 페이지를 적어 놓아라.

## 1 선한 양심에 대한 가르침

디모데전서 1:18-19를 읽으라.

딤전 1:18-19 [18]아들 디모데야 내가 네게 이 교훈으로써 명하노니 전에 너를 지도한 예언을 따라 그것으로 선한 싸움을 싸우며 [19]믿음과 착한 양심을 가지라 어떤 이들은 이 양심을 버렸고 그 믿음에 관하여는 파선하였느니라

디모데전서 1장 3절에 보면, "너[디모데]를 권하여 에베소에 머물라 한 것은 어떤 사람들을 명하여 다른 교훈을 가르치지 말며"라고 기록되어 있다. 사도바울은 잘못된 교훈을 바로잡을 역할을 디모데에게 맡겼다. 이것은 "전에 너를 지도한 예언을 따라" 즉, 전에 어떤 예언에 의하면, 디모데가 잘못된 교훈을 바로잡고 선한 싸움을 싸우기에 적합한 인물임을 사도바울에게 일깨워 주었다. 디모데는 올바른 교훈을 가르쳐야 하며 그것을 위해서는 선한 싸움을 싸워야 한다. 그것을 위해 디모데가 가져야 할 것은 선한 양심과 믿음임을 사도바울은 가르쳐 주고 있다.

## 2 선한 양심의 정의를 쓰라

지금 읽은 구절을 생각하면서 옆에 앉은 사람과 선한 양심의 정의가 될 수 있다고 생각하는 것을 적게 하라. 순원이 한 사람이라면 혼자 적도록 시간을 주어라.

양심에 거리낌이 없음; 누구와든지 좋은 대화를 할 수 있는 영의 자유로움; 믿음의 눈으로 보아도 거리낌이 없는 마음 → 선한 양심과 믿음은 함께 간다. 믿음은 좋은데 선한 양심이 없는 경우는 없다. 위의 말씀대로 선한 양심을 버리면 믿음도 파선 될 것이다(destroy, 완전히 잃어버림).

선한 양심의 결핍은 대인관계에 대한 하나님의 기준 및 성공적인 영적 성취를 하는데 가장 큰 걸림돌이 된다.

## 3 선한 양심을 갖는 것의 결과는 무엇인가?

서로 간단히 의견을 나누라.

### 가. 선한 양심을 갖는 것이 전도하는데 어떤 영향을 주는가? (벧전 3:16; 빌 1:9-10)

벧전 3:16 선한 양심을 가지라 이는 그리스도 안에 있는 너희의 선행을 욕하는 자들로 그 비방하는 일에 부끄러움을 당하게 하려 함이라

베드로 사도는 선한 양심으로 한 선한 행동이 비방과 핍박에 대한 가장 좋은 방어 전략임을 가르쳐 준다.

빌 1:9-10 내가 기도하노라 너희 사랑을 지식과 모든 총명으로 점점 더 풍성하게 하사 너희로 지극히 선한 것을 분별하며 또 진실하여 허물 없이 그리스도의 날까지 이르고

사도바울은 빌립보 교인들의 사랑이 더 풍성해지기를 기도한다. 이 사랑은 단순히 감상적인 것이 아니라 영적인 지식과 총명함을 더해 진정한 가치를 발휘하는 사랑이다. 사도바울은 두 가지의 기도제목을 더하는 데 하나는 선한 것을 분별하는 것이며 또 다

른 하나는 진실하여 다른 사람을 넘어지게 하는 허물이 없는 삶을 사는 것이다. 그리스도의 날, 즉 예수님이 다시 오시기까지 그렇게 살기를 기도한다.

사람들은 당신의 말과 행동이 일치함을 보고 당신이 말한 것에 귀를 기울일 것이다.

## 나. 선한 양심을 갖는 것이 어떻게 영적 싸움에 효과적으로 대처하게 하는가?
(딤전 1:18-19 앞에 이 구절이 나와 있으므로 그것을 참조하라)

하나님께 불순종하지 않았음을 알기 때문에 선한 양심은 우리로 하여금 하나님 앞에 담대히 설 수 있게 한다.

## 다. 선한 양심을 갖는 것이 당신의 영적 성장에 어떤 영향을 미치는가?
(히 5:13-14)

> 히 5:13-14 [13]이는 젖을 먹는 자마다 어린 아이니 의의 말씀을 경험하지 못한 자요 [14]단단한 음식은 장성한 자의 것이니 그들은 지각을 사용함으로 연단을 받아 선악을 분별하는 자들이니라

옳고 그름을 아는 것("선악을 분별")에 따라 행동할 수 있기 때문에 더욱 주님 안에서 자라고 성숙해질 것이다. 선한 양심을 갖지 않을 경우 아직 미성숙한 영적 어린아이와 같으므로 말씀에 대한 경험도 약하고 단단한 음식을 먹을 수 없어 장성하지 못한다.

라. 선한 양심을 갖는 것이 깊은 우정을 개발하는 능력에 어떻게 영향을 미치는가? (마 5:24, 잠 28:13)

마 5:24 예물을 제단 앞에 두고 먼저 가서 형제와 화목하고 그 후에 와서 예물을 드리라

잠 28:13 자기의 죄를 숨기는 자는 형통하지 못하나 죄를 자복하고 버리는 자는 불쌍히 여김을 받으리라

선한 양심은 사람들 간에 장벽이 생기지 않도록 한다 ("가서 형제와 화목하고"). 그러므로 다른 형제/자매가 어려울 때 자유롭게 그를 영적으로 도울 수 있고 또 서로간의 문제를 해결할 수 있는 능력을 준비시킨다. 사람들은 자신의 잘못을 시인할 수 있는 사람을 더욱 신뢰한다.

마. 선한 양심을 갖는 것이 신체적으로 어떤 영향을 주는가? 다음 잠언의 말씀들을 묵상한 후 답을 해 보라.

잠 14:30 평온한 마음은 육신의 생명이나 시기는 뼈를 썩게 하느니라

사람의 감정이 육체적 건강에 심각한 영향을 미친다는 것은 오늘날 잘 알려진 사실이다.

잠 15:13 마음의 즐거움은 얼굴을 빛나게 하여도 마음의 근심은 심령을 상하게 하느니라

잠 18:14 사람의 심령은 그의 병을 능히 이기려니와 심령이 상하면 그것을 누가 일으키겠느냐

잠 17:22 마음의 즐거움은 양약이라도 심령의 근심은 뼈를 마르게 하느니라

악한 양심은 우리를 피곤하게 하며 육체적으로 병들게 한다. →뼈를 썩게 함; 심령을 상하게 함; 병을 이기는 것이 어려워 짐; 뼈를 마르게 함;

선한 양심은 양약이 된다.

## 4 사례 연구

사례연구를 읽고 옆에 앉은 사람과 사례연구 끝에 나오는 질문에 답하라.
10~15분의 시간을 주라.
다 같이 사례연구를 읽고 함께 토론식으로 해도 무방하다.

이것은 한 간사와 책임자와의 사례연구이지만 많은 인간관계에 적용 될 수 있으므로 유익하다.

### 가. 나는 나의 책임자를 원망했다.

나의 책임자는 항상 나에게 사소한 것들만 시키는 것 같았다. 처음 몇 번은 괜찮았으나 그것이 계속되자 내가 그를 만나러 가야 할 때마다 위장이 아파 왔다. 우리팀의 다른 사람들에게는 왜 시키지 않는가? 왜 나에게만 그런 일을 시키는가? 나는 나의 책임자를 원망했다.

### 나. 나는 원망하는 마음을 다시 억눌렀다.

나는 내가 섬기는 자가 되어야 함을 알았기에 아무 말도 하지 않고 내가 싫어하는 것일지라도 책임자가 요구하는 것을 그저 해야겠다고 다짐했다. 나는 그가 어떤 것을 시킬 때마다 점점 열정이 사라지는 것을 느꼈고 그는 내가 그것을 싫어한다는 것을 알았다. 그러나 그는 어떤 말도 나에게 하지 않았고 그것이 더욱 나쁜 상황을 만들었다. 나는 그를 싫어했다.

## 다. 나의 영적, 정서적 힘이 고갈되어 갔다.

매일 일터로 간다는 것이 너무 힘들고 싫었다. 점심때가 되면 피곤해졌고 때때로 일찍 귀가하여 낮잠을 자야 했다. 나는 늘 초조함을 느꼈고, 의무감으로 경건의 시간을 때워나갔다. 그 시간들은 따분했고 흥미가 없었다. 점차적으로 내 위장은 악화되었고 무슨 응어리가 진 것처럼 아팠다.

의사의 검진을 받고자 예약을 했다. 왜 이렇게 아프게 느껴지는지 이해할 수가 없었다. 나는 항상 건강했다. 진단이 끝난 후, 의사는 내게 신체적으로 전혀 아픈 곳이 없다고 말했다.

## 라. 나는 나의 책임자를 나의 삶에 있어서 하나님의 도구라고 생각하기 시작했다.

그 다음 주 일요일 교회에서 목사님이 대인 관계에 있어서의 갈등에 대해 설교하셨다. 그것은 시기적절한 것이었다. 나는 책임자에 대해 느꼈던 원망하는 마음이 어떻게 나에게 영적, 정서적 그리고 신체적으로 영향을 미쳤는지를 깨닫기 시작했다. 또한 하나님께서 내 삶의 모난 부분들을 다듬어 주시고 내 성격을 좋게 고치시기 위한 도구로 그를 내 위에 앉히셨음을 깨달았다.

그러나 솔직하게 그를 용서하고 그로 인해 하나님께 감사할 수 있을까?

나는 내가 나의 책임자를 얼마나 많이 원망했는지에 대해 생각해 보았다. 내가 솔직하게 그를 용서하고 나에 대해 무감각한 그로 인해 하나님께 감사할 수 있을까? 하나님께서 나의 책임자를 하나님의 도구로서 나의 삶 속에 두셨다는 것을 깨닫게 된 것을 제외하고는 나를 걷잡을 수 없는 곳으로 이끌어 갔다. 화가 가시지 않았다. 그래서 주님께 굴복하며 나는 의도적으로 기도했다. "주님, 제 성격을 고치시고 가꾸시려고 제 책임자를 사용하심을 감사합니다. 그를 제 위에 세워 주심을 감사합니다. 제가 몹시 속상해하고, 원망하며, 배은망덕했던 것을 용서해 주십시오."라고 고백했다.

## 마. 나는 오랫동안 느껴보지 못했던 하나님과 나 사이의 자유를 맛보았다.

나는 하나님의 뜻에서 벗어나 곁길로 나갔었음을 알았다. 그리고 새삼 전체적으로 새로운 관점에서 나의 책임자와의 관계를 보기 시작했다.

## 바. 나는 나의 책임자에게 용서를 구하는 것이 필요하다는 것을 깨달았다.

하나님과 나 사이의 장벽들은 깨끗이 제거되었을지라도, 나는 나의 책임자와의 사이에 있는 장벽들에 대해 무엇인가 해야 할 필요를 느꼈다. 그것은 너무 고통스러웠으며 몇 날 동안 그것 때문에 몸부림을 쳤다. 만일 내가 그에게 가졌던 나쁜 태도를 인정한다면 그는 나를 어떻게 생각할까? 그가 안다면 일은 아마 더욱 악화되기만 할 거야. 어쨌든 그것은 거의 그의 잘못이었으니까. 내가 나의 나쁜 태도를 하나님께 자백했으니 그것으로 충분하지 않은가?

## 사. 장벽들은 없어지고 새로운 시작을 할 수 있게 되었다.

나는 마침내 나의 책임자에게 가서, 그 동안의 모든 일들을 설명했고, 그를 원망하고 속상해 한 것에 대해 용서를 구했다. 나는 그의 이해하고 사랑하는 마음에 놀랐다. 그는 나를 용서했을 뿐 아니라 그가 그리 무감각했었던 것을 역시 용서해 달라고 했다. 우리는 많은 오해와 헛된 상상들을 말끔히 씻을 수 있었다. 그리고 우리는 지금 전에 없이 더욱 가까워졌다. 장벽들은 없어지고 선한 양심으로 대하게 되었다. 다음날 순원 중 한 명이 나에게 다가와 말했다. "아, 간사님! 오늘 간사님이 무언가 달라 보여요. 무슨 일이 있었나요?"

1) 그 간사가 책임자에게 원망의 마음을 가지기 시작했을 때 어떠한 일들이 일어나기 시작했는가?

책임자를 싫어하기 시작함. 심리적 갈등. 하나님과의 관계 특히 경건의 시간에 영향을 미침. 매우 피곤해짐. 이것이 육체에 영향을 미쳐 위장병으로 도짐. 정서적, 영적 고갈 상태에 빠짐(짜증, 괴로움, 노여움, 원망 등). 피곤과 초조. 사역에 의욕과 열정을 잃음 등.

2) 어떠한 새로운 관점이 그의 원망하는 마음을 변화시켰는가?

목사님의 설교를 들음. 하나님의 관점에서 보기 시작함. 책임자의 권위에 올바로 반응하고 책임자를 자신의 성품을 세우도록 하나님께서 세우신 자신의 삶에 있어서의 도구로 보기 시작함.

3) 그가 선한 양심을 가졌을 때 변화된 태도 및 일어난 행동들은 무엇인가?

먼저 그는 그 책임자를 마음속 및 하나님 앞에서 용서함. 그 다음 자신의 잘못된 부분을 인정하고 주님께 용서를 구함. 개인적인 합리화의 우혹을 물리치고 책임자를 인정하고 오히려 감사함. 책임자에게 가서 그 동안의 잘못을 고백하고 용서까지 구함.

4) 그 간사의 선한 양심의 결과는 무엇인가?

그는 하나님과 그 책임자 앞에서 자유함을 느끼고 설 수 있게  됨. 영적인 면과 정서적인 면에서 소생하게 됨. 달라진 모습으로 변모함. 또한, 책임자와의 깊은 우정관계가 맺어짐. 놀라운 수확이 이루어짐. 또한 처음 책임자에 대한 모든 오해가 풀림. 책임자도 자신의 잘못되었을 수 있는 부분을 인정하게 됨.

이 사례연구를 통하여 여러분의 잘못된 관계들을 하나님께서 생각나게 하셨을 수도 있다. 이제 '어떻게 이러한 관계들을 올바로 바로 잡을 수 있을까?'라는 질문을 해야 한다.

선한 양심을 얻기 위해 세 가지 주요단계가 있다.

## 5 선한 양심을 가지는 방법

### 가. 당신이 잘못했거나 나쁜 태도를 가졌던 사람들을 모두 생각하라.

성령께 당신에게 올바르지 않은 문제가 있으면 보여 주시길 기도하라. 그들의 이름과 당신이 그들에게 잘못한 것들을 구체적으로 쓰라.

마음 문을 열되 너무 소심해지지 않도록 조심하라.

## 나. 하나님께 기도하라.

1) 당신에게 어떤 잘못을 한 사람이 있다면 그의 모든 잘못을 완전히 용서 했는지 확인하라. (마 6:14-15)

마 6:14-15 [14]너희가 사람의 잘못을 용서하면 너희 하늘 아버지께서도 너희 잘못을 용서하시려니와 [15]너희가 사람의 잘못을 용서하지 아니하면 너희 아버지께서도 너희 잘못을 용서하지 아니하시리라

때때로 형제/자매가 당신의 마음을 상하게 할 때 그 자신의 내부에 상처가 있음을 보여준다. 그/그녀에게 필요한 것을 도울 수 있는 방법이 있는지 보여주시길 주님께 간구하라.

2) 당신이 다른 사람에게 잘못한 것들을 주님께 고하여 깨끗함과 용서함을 받으라.

당신에게 잘못한 사람들을 모두 용서한 후 당신이 잘못한 모든 것들을 주님께 고하여 깨끗함과 용서함을 받으라. 당신이 잘못한 모든 사람들을 위한 하나님의 사랑을 믿음으로 주장하라 . 하나님께서 당신의 삶 가운데 성격을 개발하시기 위한 도구로 각 사람들을 사용하심을 감사하라.

## 다. 당신이 잘못한 사람에게 가서 용서 를 구하라.

이것이 선한 양심의 가장 어려운 부분이다.
용서를 구하러 갈 때 명심해야 할 몇 가지 주의 할 점들이 있다.

1) 외적 잘못의 근원 이 된 태도를 용서해 주길 구하라.

외적으로 나타난 잘못된 행동에 앞서 원망, 질투, 감사하지 않은 것 등과 같은 내적 태도를 구체적으로 인정하라. 예를 들어 사례연구에서 간사가 용서를 구하는 가장 효과적인 방법은 "적극적으로 도와드리지 못했던 것을 용서해 주십시오."에 앞서 "당신에게 원망하고 미워하는 마음이 있었던 것을 용서해 주십시오."라고 말하는 것이다. 외적인 적극성 결핍은 더욱 근본적인 잘못된 마음의 결과인데 완전한 용서를 위해 그것을 고백해야 할 것이다.

2) 겸손 의 태도로 가라.

때때로 우리가 어떤 사람에게 용서를 구할 때 우리는 다른 사람에게 잘못을 돌린다. 겸손함이 부족함을 보여주는 말은, "제가 당신에게 쓴 마음을 가진 것은 잘못이었으나 당신도 역시 저에게 둔감했습니다." 혹은, "당신은 내가 당신을 미워하고 원망하도록 만들었습니다."와 같은 예이다. 이 두 가지 말은 상대방이 잘못했음을 나타내 준다. 우리가 열린 마음으로 하나님 앞에 가까이 갈 때 하나님께서는 겸손하고 회개하는 마음을 주실 것이다.

3) 반대로 당신에게 용서를 구하는 사람에게 관용하는 마음 으로 대해야 함을 명심하라. (마 18:21-22)

마 18:21-22 [21]그 때에 베드로가 나아와 이르되 주여 형제가 내게 죄를 범하면 몇 번이나 용서하여 주리이까 일곱 번까지 하오리이까 [22]예수께서 이르시되 네게 이르노니 일곱 번뿐 아니라 일곱 번을 일흔 번까지라도 할지니라

예수님께서는 형제나 자매를 용서해 주는 횟수에 제한이 없다고 말씀하신다. 만일 당신이 횟수를 세고 있다면, 당신은 용서하고 있는 것이 아니다.

4) 민감하라.

민감하기 위해 기억해야 할 두 항목이 있다.

(1) 적당한 시간 을 택하라.

방해가 없는 시간을 택하여 그 사람에게 가라.

(2) 용서를 구할 때 당신이 잘못한 사람만 만나라.

당사자만 만나라. 다른 사람들을 관련시키면 실제보다 대화를 더욱 심각하게 만들 위험이 있다.

## 라. 배상 을 하거나 갈등 을 방지할 길들을 토론하라.

예를 들면, 우리가 읽은 사례연구에서 간사는 책임자에게 용서를 구한 후, "간사님이 저에게 기대하시는 것을 함께 이야기할 수 있으면 큰 도움이 되겠습니다."라고 말할 수 있다. 이렇게 하여 차후의 토론의 문을 열어놓으라. 이 과정에서 그 책임자에게는 어떠한 비난도 하지 않는다는 것을 기억하라.

우리가 선한 양심에 관해 말할 때, 하나님께서는 아마 관계가 깨진 어떤 사람을 생각나게 하실지 모른다. 우리가 함께 사는 사람, 팀원 중 한사람, 이웃, 친구, 친척 혹은 과거에 함께 일했던 어떤 사람일 수도 있다.

이런 관계들을 위해 기도하고 어떻게 해야 할지 상황에 맞게 계획을 세우고 그것을 서로 나누라.

실천사항: 하나님께 열린 마음으로 다음과 같이 기도하라.

하나님, 저와 관계가 깨어진 누군가가 있습니까?
제가 용서해야 할 누군가가 있습니까?
제가 용서를 구해야 할 누군가가 있습니까?
언제 가야 하겠습니까?
어떻게 이야기해야 하겠습니까?

질문을 받으라.
기도로 끝마쳐라.

나 Series

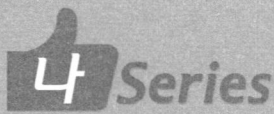

순장 리더십 개발 교재

# 대답이 준비된 나

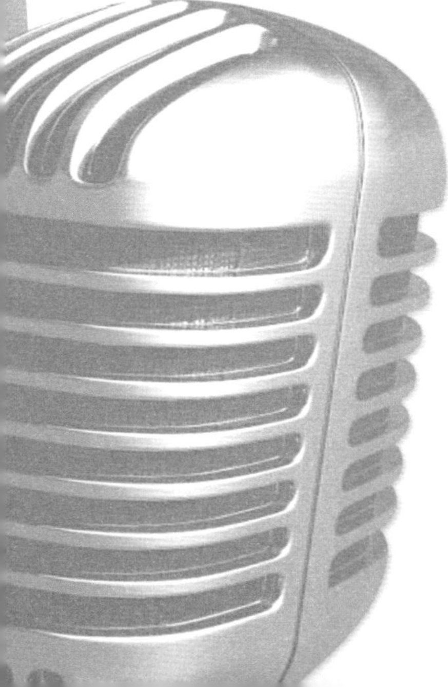

# 대답이 준비된 나

1과 변증론 입문 274

3과 복음에 대해 한 번도 들어보지 못한 사람들은 어떻게 되는가? 282

4과 복음을 들어본 적이 없는 사람들에 관한 문제 Ⅱ (보충 자료) 284

5과 질문과 반대에 대답하기 286

6과 사랑의 하나님이 어떻게 악과 고통을 허락하실 수 있는가? 288

7과 그리스도의 신성 1부 (제시를 위한 요약) 296

8과 그리스도의 신성 2부 300

9과 성경의 권위 1부 (제시를 위한 요약) 302

10과 성경의 권위 2부 (보충 자료) 304

# 변증론 입문

## Introduction to Apologetics

– 개 관 목 적 –

이 강의의 목적은 당신이 복음의 진실성을 유지하고 방어하는 데 있어서 변증론의 역할을 이해하도록 하는 데 있다.

## 학 습 목 표

이 강의가 끝날 때 당신은,

1. 변증론의 정의와 목적을 말할 수 있다.
2. 변증의 최종 목적을 말할 수 있다.
3. 질문에 대한 대답의 세 가지 유형을 기록하고 그것들을 사용하는 방법과 때를 설명할 수 있다.

## 1 서론

이 강의는 변증론이라는 완전히 새로운 주제를 다룬다. 이것은 전도할 때와 사람들의 질문에 답변을 할 때 보다 기술적으로 대처하도록 도와줄 것이다.

다음 유머러스한 촌극을 준비하라
4영리 1원리 마지막을 읽고 있다.

그리스도인 : "그런데, 많은 사람들이 이 풍성한 삶을 누리지 못하고 있는 이유는 무엇일까요?"
불신자 : "음, 당신이 괜찮으시다면 그것을 답하기 전에 한 가지 질문이 있습니다. 닭과 계란 중 어느 것이 먼저 나왔습니까?"
그리스도인 : "좋은 질문입니다만 계속하겠습니다. 끝나고 나서도 여전히 의문점이 있으시다면 그때 답해 드리겠습니다."
불신자 : "안돼요. 나에게 이 소책자를 전하려 했던 요전번 친구도 똑같은 말을 했어요. (흥분하여) 당신이 무엇을 생각하든 상관없습니다. 나는 지금 이 질문에 대한 답을 원합니다."
그리스도인 : "그 답은 창세기 1장에 있습니다. (그의 성경을 편다) 21-22절은 하나님이 닭을 포함해서 날개 있는 모든 새를 창조하시고 나서 그 다음에 그들에게 번성하라고 말하고 있습니다. 그러므로 성경은 닭이 먼저 나왔다고 가르쳐줍니다. 당신의 질문에 답변이 되었습니까?"

순원들에게 학습 목표를 읽게 하라.
성경은 우리에게 변증론이 필요하다고 말해 준다.

## 2 변증론의 정의와 목적

### 가. 정의

변증론은 무엇인가?

각자 생각을 나누게 하라.

웹스터 사전의 정의에 따르면, 변증론은 기독교의 권위 와 그 신적 기원 을 방어하기 위한 신학의 부분이다. (웹스터)

'방어'라는 단어는 그리스어 '변증론'을 번역한 것이다.

변증론의 목적은 무엇일까요? 1분 동안 변증론을 위한 가능한 많은 이유를 쓰게 하라. 1분 후에 몇 사람에게 각자 한 가지의 목적을 나누게 하라. 각자의 생각을 칭찬하라. ("매우 훌륭한 생각입니다. 특별히 중요한 몇 가지를 재검토해 봅시다.")

나. 목적

1) 그리스도인의 믿음 을 강화한다.
2) 전도할 때 자신감 을 준다.
3) 그룹전도 및 전도 준비를 돕는다.

변증 논제는 복음 전도와 복음 전도 준비를 하는 데 훌륭한 화제거리가 된다. 조쉬 맥도웰의 『부활, 속임수인가 혹은 역사인가』에 대한 이야기가 그 좋은 예이다.

4) 복음에 관심 있는 불신자들에게 논제를 명백히 제시한다.

## 3 변증론의 최종 목적

변증론의 최종 목적은 그리스도 의 인격을 제시하는 것이다.

고전 2:1-5에 있는 바울의 증거는 그가 '지혜의 말'에 의존하지 않고 성령에 의존했음을 보여준다. 이것은 변증론을 사용하지 말라는 것이 아니라 복음의 명백한 제시로부터 빗나가는 것을 피해야만 한다는 것을 의미한다. 우리의 목표는 그리스도를 영접할 사람 앞에 있는 장애물들을 제거하는 것이어야 한다.

가. 받은 질문에만 답하라.

만일 상대방이 그리스도를 영접할 준비가 되어 있지 않다면 그 이유를 발견해서 그것에 대해서만 집중적으로 이야기하는 것이 시간을 가장 효과적으로 이용하는 것이다.

변증할 때 자신의 가장 최근의 감격적인 발견들을 직접적으로 나누기 쉬운데 그러한 실수를 피하라. 상대방은 거기에 관심이 없다!

나. 연막을 피하라(분산시키는 질문).

다음 요점은 진심에서 나온 질문과 연막을 구분할 수 있도록 도와주는 몇 가지 방법이다.
우리의 목적은 예수 그리스도를 나타내 보이고 그리스도를 영접하고자 하는 사람들에게 있는 장애물들을 제거하는 것이며 이를 위해 변증론을 사용한다는 것을 명심하라. 그러므로 불신자 자신도 관심 없는 논제로 여러분의 정신을 혼란스럽게 하는 질문들을 피하라. 그 사람에 의해 곁길로 빠지는 것을 피하라.

전도하는 동안 질문에 대해 여러분이 사용할 수 있는 응답에는 기본적으로 3가지 유형이 있다.

## 4 질문에 응답하는 방법 알기

가. 되돌리기 응답

"부활에 대해 무슨 증거가 있습니까?"와 같은 어려운 질문을 할 때 여러분이 할 수 있는 또 다른 응답은 다음과 같이 말하는 것이다. 그 문제는 답변을 줄 수 있는 많은 자료가 있는데 그 가운데 몇 가지를 제가 집에 가지고 있습니다. 내일모레 중으로 시간이 있으시면 기꺼이 그것을 보여 드리겠습니다.

이렇게 함으로써 여러분은 진실한 관심을 가지고 있는 사람들을 알게 될 것이다. 많은 사람들이 또 다른 약속에는 흥미가 없다. 따라서 이것은 또한 질문을 매우 효과적으로 미루어 줄 것이다. 끝까지 답을 강요하는 사람도 종종 있을 수 있다.

간단히 그것에 대한 답을 할 수도 있지만 되도록 그들에게 영접 기도할 기회를 주고 난 후까지 미루도록 해 보라.

2-3분 정도를 주어 다른 가능한 질문과 되돌리기 응답에 대한 순원들의 생각을 물으라.

응답의 두 번째 유형은

## 나. 간결하고 기습적인 응답

이러한 유형의 응답은 사실적인 답을 하기에는 부적절한 상황에서 질문에 대한 실제적인 답이 아닌, 간결하고 가능한 한 유머스러한 질문에 대한 답례이다.

'예 1'의 질문에 관해 서로의 생각을 나누라.
응답의 예 : "음, 삼촌, 그들 가운데 몇 사람은 우리가 알지 못하는 부를 가지고 있을 수도있다고 생각해요. 그리고 우리들은 아마도 우리가 생각하고 있는 것만큼 부유하지 않을 수도 있지 않을까요?"

'예 2'의 질문에 관해 서로 의견을 나누라. 사실 이런 상황이라면 여러분은 그 사람의 감정을 상하게 하지 않는 한도에서 무엇이든 답할 수 있다.

여러분은 이 상황에서 보다 진지한 응답을 나눌 수도 있다. 만일 여러분이 보기에 사람들이 진지한 답을 기다리고 있고 시간이 있다면 4-5번 만나 기초 순모임을 통해 공부할 관심이 있는 사람이 있는지 알아 볼 기회를 가지라.

3번째 유형의 응답은

다. 성서적 근거를 둔 응답

여러분이 이 책에 실려 있는 '제시를 위한 요약(제2과)' 같은 짧은 성서적 근거를 둔 응답은 여러분에게 진심에서 우러난 질문과 연막을 구분하게 도와줄 것이다. 진실한 의문을 가진 사람은 알려고 계속해서 여러분에게 물을 것이다.

반면 연막으로 그 논제를 사용하는 사람은 보통은 이성적이기보다는 감정적으로 보이는 반박을 가지고 대답할 것이다.

긴 답은 후에 육성할 때 자세히 줄 수 있다.

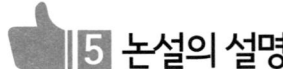

## 5 논설의 설명

이 논설들은 이중의 목적을 가지고 있다.

나. 논설의 목적

1) 제시를 위한 요약

불신자의 질문에 대한 답을 제시할 때 사용할 간단한 개요 준비

4영리 10페이지에 있는 기도를 마친 후에 나누라. 4영리 10페이지를 마치기 전에 답을 고집하는 사람들이 가끔 있는데, 이런 경우에는 '제시를 위한 요약'을 나누고 4영리를 계속 하라. 이러한 간단한 대답들은 많은 다른 상황에서도 유용하다.

논설의 두 번째 목적은…

### 2) 보다 긴 답변을 위한 기초 마련

이제 '되돌리기 응답'과 '성서적 근거를 둔 응답'을 함께 이용하는 법에 대한 시범을 보자. '제시를 위한 요약'은 성서적 근거를 둔 응답이다.

먼저 당신이 선정한 순원들을 앞으로 나오게 하라.

순원들에게 당신이 방금 전도하는 상황에서 제2원리를 마쳤다고 말함으로써 무대를 설정하라. 제3원리를 나눔으로써 시작하라.

당신이 요 14:6을 끝마쳤을 때, 순원이 당신을 가로막고 말하게 하라.
"이것이 당신에게는 적합할지 모르지만, 나에게는 그렇지 않습니다. 무엇 때문에 당신은 이것이 나에게 적용된다고 생각합니까? 도덕적인 완전무결은 없습니다."

응답 : "이것이 저에게뿐만 아니라 당신(누구누구 씨에게)에게도 적용된다고 믿는 데에는 몇 가지 이유가 있습니다. 계속합시다. 그러면 우리가 해 나감에 따라 이러한 이유에 대한 몇 가지가 설명이 될 것입니다. 그리고 우리는 잠시 후에 이것을 보다 깊이 토의할 겁니다."

마치는 말 : "제시를 위한 요약의 목적은 여러분에게 흔한 질문에 대한 답을 줄 뿐만 아니라 연막과 진실한 질문을 구별하는 수단을 주기 위한 것임을 명심하십시오."

## 6 실천 사항

순원들에게 4개 논문 모두와 제시를 위한 요약을 읽고 준비하게 하라. 이것은 다음에 계속되는 강의에서 설명될 성경 구절에서 핵심이 되는 것을 포함한다.

기도로 마치라.

# 자기점검복습

## 변증론 입문

1. 변증론을 정의하라.

"기독교의 권위와 그 신적 기원을 방어하기 위한 신학의 부문"

2. 변증론의 2가지 목적을 기록하라. (4가지 중 2가지가 맞으면 된다)

(1) 그리스도인의 믿음을 강화한다.
(2) 전도할 때 자신감을 준다.
(3) 집단 전도와 전도하기 전 준비를 돕는다.
(4) 흥미 있어 하는 불신자들에게 논제를 명백히 제시한다.

3. 변증론의 최종 목적은 무엇인가?
그리스도의 인격을 제시하는 것이다.

4. 전도하는 동안 받는 질문에 응답하기 위해 쓸 수 있는 3가지 방법은 무엇인가?

(1) 되돌리기 응답
(2) 간결하고 기습적인 응답
(3) 성서적 근거를 둔 응답

5. 제시를 위한 요약이란 무엇인가?

불신자의 질문에 대한 답을 제시할 때 사용할 간단한 개요

시각 자료를 사용하여 답을 보여주면 더 좋다(예 : PPT).
순원들에게 정정할 시간을 주라.

3 과

# 복음에 대해 한 번도 들어보지 못한 사람들은 어떻게 되는가?

## 1 하나님은 자신을 모든 사람에게 계시하셨다.

둘째, 하나님은 또한 모든 인간의 양심에 빛을 비춰 주셨다. J.오스왈스 샌더스는 이 교도(복음에 대해 들어보지 못한 사람)에 대해 다음과 같이 쓰고 있다.

"그들이(복음을 한 번도 들어보지 못한 사람들) 거룩하게 주어진 모세율법이나 그리스도의 가르침을 가지지는 못했지만 그들이 하나님의 계시의 빛에서 멀리 떨어져 있지 않았다는 것은 그들이 남겨 놓은 글 속에서 분명히 알 수 있다."

그 예를 몇 사람 들어보면 다음과 같다.

**세네카 :** 하나님은 그대 곁에 계시고 그대와 함께 계시며 그대 안에 계시도다. 우리 모든 악과 모든 선의 감찰자요 보호자인 거룩한 영이 우리 안에 거하시니 하나님 없이 선한 사람은 하나도 없도다. 우리 모두는 사악하니 우리가 타인의 잘못이라고 지적하는 것들은 실상 우리 각자의 마음속에서도 발견되는 것이로다.

**루크레티우스 :** 모든 사람은 생명의 길(The way of life)을 찾아 나아가고 있다.

**호레이스 :** 나는 더 나은 길(Better Course)을 알고 있다. 그러나 나의 가는 길은 그 보다 못한 길이다.

**마르쿠스 아우렐리우스 :** 내가 마음만 먹으면 이 악하고 정욕뿐인 영혼에서 벗어날 수 있는 힘이 내 속에 있다. 그러나 이 힘은 스스로 생긴 것이 아니라 자연(Nature : 신)이 네게 준 것이라는 사실을 기억하라.

**힌두교 경전 중 한 권**에는 다음과 같은 절망적인 말들이 들어있다.
"나의 존재는 죄요, 나의 행위도 죄요, 나의 영혼도 죄요, 죄 중에 내가 잉태되었나이다."

## 3 이 세상의 어느 누구도 자기 양심의 빛대로 산 사람은 없다.

그러나 '이교도'에 대한 정의를 좀 더 정확하게 해둘 필요가 있는데 그것은 복음을 한 번도 들어 보지 못한 사람들을 가리키는 것이 아니라 '자신들이 받은 계시의 빛을 거부한 사람들'을 가리킨다.

## 5 성경은 예수 그리스도 없이는 아무도 구원받을 수 없다고 가르친다.

J. 오스왈드 샌더스의 『How lost are the Heathen?』 참조

4 과

# 복음을 들어본 적이 없는 사람들에 관한 문제 II (보충 자료)

보충 자료는 함께 연구하고 공부하라.
다같이 보충 자료를 함께 읽는 것이 좋다.

## 5 하나님의 성품

가. 도처에 있는 사람들이 그분을 알게 되도록 그분 자신을 드러내 보이고자 하는 열망을 가진 사람들에게 하나님께서 관심이 있으심을 보여주는 특성들

3) 공평하심 : 하나님이 불공평한 일을 행하시는 것은 불가능하다. 하나님의 판단은 완전하시고 완전함을 필요로 하신다.

(1) 창 18:25

당연히 그러한 분임을 강조한 표현이다.

## 나. 그리스도를 영접하는 것 외에 다른 방법이 없다. : 그분이 유일한 길이시다.

1) 요 14:6

다른 길은 없다.

2) 행 4:12

다른 이름은 없다.

3) 고전 3:11

영구불변의 믿음을 세우기 위한 다른 터는 없다.

4) 히 10:12

죄를 위한 다른 제사는 없다.

5) 딤전 2:5

하나님과 사람사이에 중보도 오직 예수님 외에는 없다.

## 다. 하나님 성품의 적용

2) 모든 세대에 복음이 전파될 것이라는 약속

(2) 행 14:16-17

사도바울과 바나바는 자신들이 복음을 직접 전하기 이전 세대에게 하나님은 자연계시를 통해 본인을 나타내셨음을 가르친다. 즉, 그들이 이 자연계시에 어떻게 반응했는지에 따라 하나님은 그들을 판단하신다는 것이다.

참고 도서

1. 조시 맥도웰 : 『기독교 신앙의 역사적 증거(Evidence that Demands a Verdict)』 1972. 순출판사
2. R. B. 디메 2세 : 성경 교리 참고 각주서 및 설교 테이프

# 5과

# 질문과 반대에 대답하기

**-개 관 목 적-**

**순원들에게 그리스도를 전할 때 질문과 반대들을 다루는 방법에 관한 이해를 도모한다.**

토의 : 시작하기 전에 먼저 전도하면서, 또는 순원과 순장으로 활동하면서 겪었던 어렵고 당황스러운 일들에 대한 경험들에 대해 시간을 들여 나누라. 또한, 어떻게 대처했는지, 지혜롭게 했는지, 아니면 준비가 안 되어 당황했는지 등 각자의 경험들을 진솔하게 나누어 보라. 서로가 겪은 경험에 대해 큰 위로와 박수로 격려를 해주어라. 그리고 이 과에 들어가라. 언제든지 순원들의 질문에 열려있으라.

## 2 당신의 질문들과 반대에 직면했을 때 기억해야 할 원리들

차. 그리스도께서도 오늘날 우리가 부딪히게 되는 그런 종류의 사람들을 만나셨던 사실을 인식하라. 그 당시에도 역시 우상숭배, 유대교, 불가지론(신의 존재에 대한 신학적 명제의 진위여부를 알 수 없다고 보는 철학적 관점), 철학 및 종파가 있었다.

## 3 사람들이 그리스도께 오지 않는 이유들

그 외에 각자 생각하는 것들을 나누라. 캠퍼스에 위의 아. 에 속하는 학생들도 의외로 많음을 깨닫고 각자 개인 복음전도 전략을 짜도록 하라. 안 믿는 친구들을 금요 모임, 여름수련회, 순모임 등에 초청하라.

# 6 과

# 사랑의 하나님이 어떻게 악과 고통을 허락하실 수 있는가?

– 개 관 목 적 –

이 과의 목적은 불신자가 "전능하고 전선(완전히 선하심)한 하나님이 어떻게 악과 고통을 허락하실 수 있는가?"라고 물을 때 거기에 대한 제시를 위한 요약을 사용할 수 있도록 준비시켜 주는 데 있다.

## 학 습 목 표

이 강의가 끝날 때 당신은,

1. 악과 고통의 문제에 대한 전통적인 견해를 말로 나타낼 수 있다.
2. "사랑의 하나님이 어떻게 악과 고통을 허락하실 수 있는가?"라는 질문에 대한 '제시를 위한 요약'과 그것의 9가지 요점들 하나하나에 대한 성경적 증거를 제시할 수 있다.
3. '제시를 위한 요약'으로부터 자연스럽게 4영리에 있는 영접 기도문으로 전환하여 상대방이 그리스도를 영접하도록 권면할 수 있다.

이 과에서 악과 고통에 대한 문제에 답하기 위한 '9가지 요점들'을 배우게 될 것이다.

이러한 요점들이 유용한 도구가 되는 이유가 무엇일까? (앞의 다른 과에서 배운 바 있으므로 간단히 상기시키고 지나가면 된다. 가진 답과 다른 답이 나오더라도 좋은 의견이면 수용하라.)

다음 4가지 목적을 다른 과에서 다루었다 :

1. 논리적이며, 간단하고 유용한 개요를 만들 때 자신과 상대방에게 정리가 된다.
2. 상대방의 질문에 대답이 있음을 알려줄 수 있다.
3. 비그리스도인이 그리스도를 영접하는 데 방해가 되는 잘못된 장벽을 제거하도록 도와준다.
4. 자신에게나 상대방 모두에게 그리스도의 사역과 인격에 대해 보다 분명한 확신을 준다.

또한, 이러한 요약들이 가장 적절할 때가 있다. 언제가 적절한 때라고 생각하는가? 서로 의견을 나누라.

이런 요약들이 사용되는 가장 알맞은 때가 언제인지 전도할 때 지혜를 달라고 성령께 간구하도록 권하라.

이러한 요약은 복음이 전해진 후 사용되어야 한다.

예수 그리스도를 영접하는데 있어 오히려 악과 고통이 있다는 사실은 상대방이 그리스도를 영접하려는 개인적 결단을 내려야 할 필요성을 더욱 가중시킨다.

증거 자료를 제시하기 전에 항상 먼저 그리스도에 대해 나누라. 질문이 성실한 것인가, 혹은 단지 연막인지를 판별하라. 상대방이 준비되었을 때만 그에게 그리스도를 영접하는 문제로 돌아가라.

# 1 악과 고통의 문제에 대한 전통적인 견해

## 가. 소규모 토의

이에 대해 충분한 토론을 하라.

성경이 하나님의 인격과 인간의 성품에 관해 어떻게 이야기하는가에 대해 설명함으로써 우리는 그 문제에 대한 만족할 만한 대답에 이를 수 있다.

## 나. 질문

1) 나에게 이런 일이 일어나도록 허락하시는 하나님은 공평 한가?
2) 세계 도처에서 이런 일들이 자유롭게 일어난다면 도대체 하나님은 존재 하는가?
3) 하나님이 고통 을 허락하신다면 다른 일들에 대해서도 내가 그를 신뢰할 수 있을까?
4) 하나님이 사랑이라면, 왜 그는 세상 문제에 관하여 어떤 일도 행하지 않는가?

이런 종류의 의혹/질문은 하나님의 공의 와 사랑 그리고 때때로 신의 존재 에 대한 공격이다.

다음에는 위의 질문에 대한 요약 제시가 되어 있다. 각 9가지 요점에는 참고 성구와 설명이 붙어 있다. 이것을 잘 숙지하고 연구하는 것이 중요하다.

참고 성구들도 원하면 요약 제시에 각자 포함시킬 수 있다.
강의 인도자로서 당신은 이 추가된 성경적 인용구 연구를 완성할 수 있다. 인도하는 데 도움이 된다고 생각하는 성경 인용구는 어떤 것이든지 자유로이 사용하여 설명하라.

## 2 사랑의 하나님이 어떻게 악과 고통을 허락하실 수 있는가? (요약 제시)

가. 악은 원래부터 존재하지 않았다. 즉, 하나님은 모든 것을 선하게 창조하셨다.

창 1:31을 읽도록 요청하라.

1) 창 1:31

참고 성구 : 시 104:24-28

2) 노트 : 하나님은 악을 소유한 인간이나 세상을 만들지 않았다. 하나님은 그가 만든 피조물들과 끊어지지 않는 즐거운 교제의 삶을 살도록 계획하셨다.

그러면 악은 어디에서 왔는가?

나. 악은 선하게 창조된 세계 이후에 왔다.

슥 3:1 대제사장 여호수아는 여호와의 천사 앞에 섰고 사탄은 그의 오른쪽에 서서 그(대제사장 여호수아)를 대적하는 것을 여호와께서 내게 보이시니라(환상으로 보여주심)

사단은 성경에 다양한 이름으로 불렸다. '마귀'(마 4:1; 13:39; 25:41 등), '뱀'(창 3:1, 14, 고후 11:3, 계 12:9; 20:2), '바알세불'(마 10:25; 12:24, 27, 눅 11:15), '이 세상 임금'(요 12:31; 14:30, 16:11), '공중권세 잡은 자'(엡 2:2), '악한 자'(마 13:19, 요일 2:13) 등.

참고: 바알세불은 구약의 블레셋의 도시 에그론의 신의 이름인 바알세붑에서 연유한 것으로 보인다(왕하 1:2). 바알세붑은 '파리들의 신'이란 뜻을 가지고 있다. 신약에서의 바알세불은 '높은 거처의 주'란 뜻이다.

다. 하나님은 사람을 온전하게 창조하신 동시에, 인간은 하나님께 복종하거나 복종하지 않거나, 하나님의 완전을 선택하거나 그것을 거절할 능력 을 함께 갖고 있도록 했다.

1) 약 1:13-15

이 말씀에 따르면 어디에서 죄가 오는가?

자신의 욕심에 끌려 미혹됨. 우리 안의 죄성.

창 2:16-17 [16]여호와 하나님이 그 사람에게 명하여 이르시되 동산 각종 나무의 열매는 네가 임의로 먹되 [17]선악을 알게 하는 나무의 열매는 먹지 말라 네가 먹는 날에는 반드시 죽으리라 하시니라 → 인간은 이 명령에 불순종을 선택했다.

2) 노트

이것이 뱀이 다가왔을 때 이브가 행한 과감한 선택이었다.

라. 죄와 고통은 인간이 그의 창조를 배신하는 선택 을 했을 때 세상에 들어왔다.

2) 노트

인간이 악을 초대한 셈이다(즉, 하나님을 배반한 것이다). 인간이 하나님께 복종했다면, 문제는 절대로 없었을 것이다.

마. 인간이 타락한 순간부터 그것의 역효과는 하나님의 모든 창조물을 손상시켜 왔다.

참고 성구 : 롬 3:9-12

인간의 잘못은 오늘날의 삶에 있어 믿을 수 없을 만큼의 슬픔과 싸움의 근원이 되고 있다. 히틀러의 유태인 학살과 세계 곳곳에서 일어나는 전쟁과 테러와 납치, 참살, 인권침해 등의 문제는 인간이 선택한 것이지 하나님이 시키신 것은 분명 아니지 않은가?

오늘날의 사회를 특징짓는 범죄, 사기, 이기적인 마음과 행동 등 이 모든 것이 인간에게 지독한 고통이라는 결실을 거두게 한다. 우리가 어떻게 이러한 현상을 보고 하나님이 악을 행하셨다고 하나님을 비난할 수 있겠는가?

참고 : 롬 1:28-32, 시 81:11-12, 고후 3:11, 롬 7:24-25

롬 1:28-32 [28]또한 그들이 마음에 하나님 두기를 싫어하매 하나님께서 그들을 그 상실한 마음대로 내버려 두사 합당하지 못한 일을 하게 하셨으니 [29]곧 모든 불의, 추악, 탐욕, 악의가 가득한 자요 시기, 살인, 분쟁, 사기, 악독이 가득한 자요 수군수군하는 자요 [30]비방하는 자요 하나님께서 미워하시는 자요 능욕하는 자요 교만한 자요 자랑하는 자요 악을 도모하는 자요 부모를 거역하는 자요 [31]우매한 자요 배약하는 자요 무정한 자요 무자비한 자라 [32]그들이 이같은 일을 행하는 자는 사형에 해당한다고 하나님께서 정하심을 알고도 자기들만 행할 뿐 아니라 또한 그런 일을 행하는 자들을 옳다 하느니라

→ 하나님께서 인간을 생긴 대로 내버려 두면 인간이 자연스럽게 가는 방향은 29절부터 기록된 것이다. 그러기에 구원이 필요한 것이다.

시 81:11-12 [11]내 백성이 내 소리를 듣지 아니하며 이스라엘이 나를 원하지 아니하였도다 [12]그러므로 내가 그의 마음을 완악한 대로 버려 두어 그의 임의대로 행하게 하였도다

→ 하나님의 말씀을 거부하면 우리는 결국 우리의 죄성대로 가게 되어 있다.

고후 11:3 뱀이 그 간계로 하와를 미혹한 것 같이 너희 마음이 그리스도를 향하는 진실함과 깨끗함에서 떠나 부패할까 두려워하노라

→ 사단과 우리마음이 합하여 결국 진실과 깨끗함에서 멀어지고 부패하는 것이다.

## 바. 하나님은 악에 대하여 어떤 일을 행하셨다. 그는 죄와 악과 고통을 멸하기 위해 그의 __아들__ 을 우리에게 주셨다.

하나님께서는 하늘 보좌를 떠나 인간이 되시고 기꺼이 죽으심으로 가장 극적이고 값비싸며 효과적인 일을 수행하셨다. 그 결과 모든 피조물은 다시 한 번 그분 안에서 완전하게 회복될 기회를 얻은 것이다.

이것을 놓치면 후회한다.

1) 빌 2:8, 벧전 2:24

참고 성구 : 롬 5:17

2) 노트

참고 성구 : 롬 5:15-19, 고전 15:21-22, 눅 22:44, 사 53:1-12, 롬 8:10-11, 히 2:14-15, 18
참고의 성구들을 신중히 검토하라. 이 구절들은 모든 악과 고통을 초월하여 승리를 가져오신 하나님의 사랑과 능력을 나타내 준다.

## 사. 하나님은 악을 제한하고 그의 목적 을 위해 그것을 사용할 수 있다.

비록 여전히 고통과 문제에 처해 있을지라도 하나님은 그 속에서도 희망을 주신다.
다음 구절을 읽으라.

2) 노트

여기서는 다음에 나오는 이야기를 나누거나 고통 가운데서 하나님이 승리케 하신 것에 대한 자신의 개인적인 체험에 대한 예를 나눌 수 있다.

고통도 얼마든지 감사로 승화될 수 있다. 하나님은 이토록 믿는 자들에게 고통 중에서도 힘이 되어 주신다.
순원들에게 나누고 싶은 것이 있는지에 대해 물어 보라. 각 개개인의 필요에 대해 민감하라.

## 아. 악은 새 하늘과 새 땅이 이루어질 때 영원히 다스리지 못할 것이다.

1) 계 21:1-4

참고 : 히 9:28, 벧후 3:13, 계 21장; 22:15

2) 노트

이것이 바로 하나님께서 지금 모든 인간이 그의 부르심을 필요로 하기를 열망하시는 이유이다. 때가 오면 하나님께서 새 하늘과 새 땅을 주실 것이다.

자. 믿음의 기도로 돌아가고 사람들이 그리스도를 영접하도록 고무하라.

## 3 사랑의 하나님이 어떻게 사람들을 지옥으로 보낼 수 있는가?

이 질문에 대해 토론 후 다음의 답을 쓰게 하라.
답 : 하나님은 아무도 지옥에 보내시지 않는다. 각 사람이 스스로 자신을 보낼 뿐이다.

우리는 이 질문에 관한 많은 통찰력을 하나님의 말씀에서 얻을 수 있다. 그러나 이 질문에 결코 다 대답할 수는 없을 것이다. 왜냐하면 우리의 이해도 제한이 되어 있기 때문이다. 이제까지 9가지 요점을 가지고 선택을 하자. 하나님을 신뢰하느냐 아니면 고집스럽게 그분을 불신하느냐!

## 4 실천사항

다음 성구들을 묵상하며 고난으로부터 오는 긍정적인 결과들을 찾아보라.

고난이 주는 유익을 찾아보는 시간이다. 시간에 따라 숙제르 하게 해도 된다. 그 경우 다음 시간에 결과를 발표하게 한다. 또는 그 자리에서 각자 성구를 1-2개씩 분담하여 찾아보고 발견한 내용들을 나누도록 해도 좋다.

# 7 과

# 그리스도의 신성 - 1부

## -그리스도가 하나님임을 믿지 못하는 사람을 위하여-

## (제시를 위한 요약)

- 개 관 목 적 -

이 과의 목적은 당신으로 하여금 그리스도의 신성을
소개하는 방법을 가르치는 데 있다.

## 학 습 목 표

이 강의가 끝날 때 당신은,

1. 그리스도의 신성에 대한 성경적 증거를 이해할 수 있다.
2. 증거해야 하는 상황에서 증거를 제시할 수 있다.
3. 구원 결정에 관한 논점으로 대화를 돌릴 수 있다.

자료 : 성경, 순모임 교재
제한된 시간 : 1부, 2부 합하여 4-5시간(시간을 넉넉히 두고 천천히 나누어 학습하라. 한꺼번에 다 끝내려고 하지 마라.)이므로 간단히 상기시키고 지나가면 된다. 가진 답과 다른 답이 나오더라도 좋은 의견이면 수용하라.

## 1 서론

가. 누군가에게 예수 그리스도를 소개하는 일은 하나님의 자녀가 경험할 수 있는 가장 커다란 특권이다.

그리스도의 신성을 제시하는 방법에 관한 1부는 그리스도가 하나님이신 사실을 증명하고 있는 성경 구절을 뽑아 놓은 '제시를 위한 요약'의 내용을 다루게 될 것이다. 다음에 나오는 개요는 그리스도가 하나님임을 믿지 못하는 사람들을 다룰 때 사용되어야 한다.

다. 주의 : 이 요약은 복음을 제시한 후에 사용되어야 하며 복음을 들은 사람들이 예수 그리스도가 하나님이신 것을 확신하기 위해 더 많은 지식을 알고자 하는 의도가 분명할 때 사용해야 한다.

## 2 그리스도의 신성에 관한 증거 (제시를 위한 요약)

가. 서론

1) 오늘날 많은 사람들이 예수 그리스도에 대해 모호한 견해를 가지고 있다. 흔히 사람들은 기존의 사실들을 주의 깊게 조사해보지 않은 채 다른 사람들의 이 같은 불확실한 견해를 받아들인다.

이러한 질문의 자료를 얻을 수 있는 가장 좋은 방법은 예수님을 기록한 자료를 직접 조사하는 것이다. 예수 그리스도의 생애에 관한 가장 좋은 자료는 바로 성경이다.

## 나. 예수님은 하나님만이 하실 수 있는 주장 을 하셨다.

### 1) 그리스도는 자신이 하나님 인 것임을 주장하셨다.

(2) 많은 사람들이 예수님이 실제로 그 자신이 하나님이라고 주장하셨다고는 생각하지 않는다. 그러나 위의 구절을 보면 유대인들은 예수님이 스스로 하나님이라고 주장하신 것을 완전히 이해했다.

(그러나 그것을 믿지 않았으므로 신성모독이라 생각한 것이다.)

### 2) 예수님은 죄를 용서 하실 수 있다고 주장했다.

### 3) 예수님은 자신이 인간의 마지막 운명, 즉 천국 혹은 지옥을 결정하실 최후의 심판자 라고 주장하셨다.

(1) 마 7:22-23

여기서 보면 사람들은 그리스도를 "주여, 우리가 당신의 이름으로 이 모든 일들을 행하지 않았습니까?"라는 반응을 보이고 있다. 그들의 행하는 것과 참된 논점인 믿음의 대조를 주목해 보라! 당시 종교지도자들은 예수님을 믿지 않으면서 하나님의 이름으로 많은 위선적인 종교행위들을 행했다. 그리고 자신들이 의로운 행위를 했다고 치부했다. 즉, 예수님은 자신을 믿지 않는 것은 하나님을 믿지 않는 것과 동일하므로 그들이 불법을 행한 자들이라고 말씀하신 것이다.
결국, 예수님은 "내게서 떠나라"고 말씀하신다. 다시 말하면 그것은 마지막 심판 때에 그들이 최후의 심판자인 예수님 앞에 서게 될 것을 분명하게 하신 것이다.

4) 예수님은 자신의 죽음과 부활 을 예언하셨고 그 예언을 이루셨다.

주의 : 이 마지막 말씀은 매우 중요하다. 이것은 여러분이 영접하는 문제, 즉 4영리의 두 그림과 계 3:20로 되돌아가도록 인도해 준다.

당신의 접촉자에게 설명하라 : “당신이 그리스도를 구주와 주님으로 초청할 결심을 했을 때 그는 들어오셔서 당신의 마음과 중심을 열어서 성경 말씀과 다른 사실들을 이해할 수 있게 도와주실 것입니다. 그리스도를 영접하고 그리스도를 당신의 교사로 모셔 들이기 전에는 당신의 의문들에 대해 만족할만한 답을 얻기는 힘들 것입니다.”

## 4 전도할 때 사용하는 성경 말씀들을 기록하라.

순원들에게 그들의 성경 맨 뒤에 있는 백지를 펴게 하라. 또는 스마트폰에 기록하게 하라.

‘제시를 위한 요약’에서 사용된 성경 말씀들을 모두 기록하게 하라. 이 시간을 통해 순원들이 전도할 때 사용하는 성경 곧, 자주 가지고 다니는 성경이나 스마트폰에 기록하게하라.

8 과

# 그리스도의 신성 - 2부

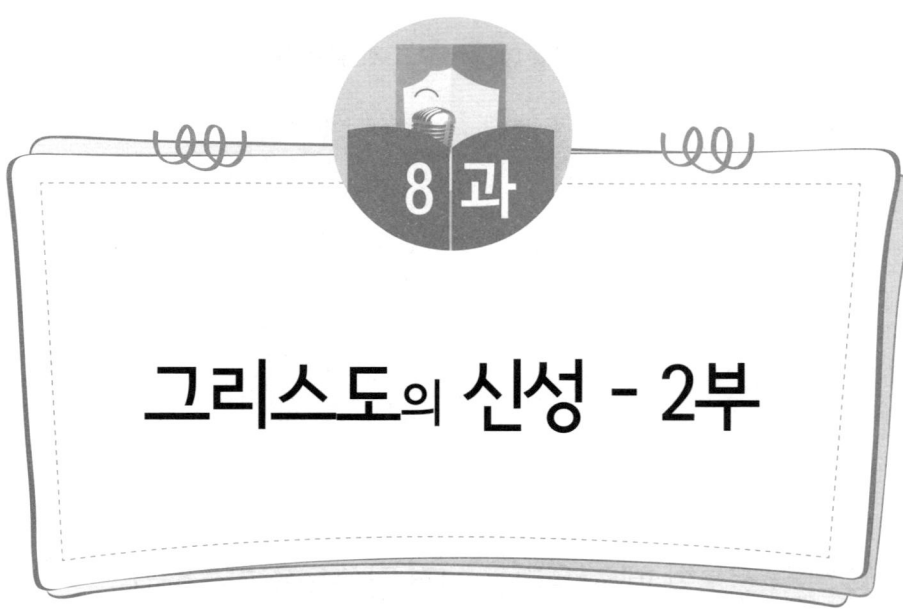

## 2 그리스도에 대한 성경적, 역사적 증거 (일곱 항목 중 여섯 항목이 성취됨)

여기 나오는 성경구절들은 일일이 다 찾아보지 않아도 된다. 제목들만 읽어 나가도 된다. 그러나 순장들은 한 번씩 찾아보고 각자 공부하도록 하라. 또한 순원들에게도 각자 공부할 때 찾아보도록 격려하라.

가. 먼저 계심

나. 동정녀 탄생

다. 죄가 없으심

주의 : 위에서 열거한 일곱 가지 예언 중 여섯 가지가 하나님의 말씀에 따라 성취되었으므로 일곱 번 째의 재림에 대한 예언 또한 하나님의 약속에 따라 미래에 성취될 것을 믿는 일은 어려운 일이 아니다.

## 6 그 밖의 성경 외의 자료

### 가. 기독교자료에서 발췌한 참조문 인용

2) C.S. 루이스(Lewis) : 영문학자, 저자, 옥스퍼드 대학에서 중세 및 르네상스 시대 문학을 가르치는 교수. 흔히 '회의론 및 주지론의 사도'라고 불렸다(1963년의 그의 죽음은 같은 날 암살된 존 F. 케네디에 가려졌다).

다음은 그의 저서 『기독교에 대한 한 사례』(A Case For Christianity)에서 발췌한 것이다.

> ...중략...
> 그 후 정말로 충격적인 사건이 일어났다. 이 유대인들 가운데 갑작스럽게 자신이 하나님인 것처럼 말하는 한 사람이 나타났다. 그는 죄를 용서할 수 있다고 주장했다. 그는 항상 존재해 왔었노라고 말했다. 그는 마지막 때에 세상을 심판하러 오실 것이라고 말했다. 이제 이것을 분명히 해 보자. 즉 인도인들 같은 범신론자(우주, 세계, 자연의 모든 것과 자연법칙을 신이라 하는 자들)들 가운데 어떤 사람은 그가 하나님의 한 부분, 혹은 하나님과 함께 계신 분으로 말할 지도 도른다.

### 나. 비종교적이고 비기독교 자료에서 발췌한 참조문 인용

7) 마라 바 세라피온(Mara Bar – Serapion)의 편지

(참고 : 피타고라스는 사모스 섬에서 태어났다.)

9 과

# 성경의 권위 - 1부

## (제시를 위한 요약)

-개 관 목 적-

성경의 권위를 제시하는 방법을 가르친다.

재　료 : 성경과 순모임 교재
시　간 : 1부 2부 : 3-4 시간

## 2 제시를 위한 요약

나. 성경의 놀라운 통일성, 구성과 보존

다. 컴퓨터를 통한 증거

라. 성취된 예언들

마. 부활의 증거들

비교 : 왕상 7:45-46에서 솔로몬이 성전을 위하여 만들게 했던 구리 그릇에 관하여 언급하고 있다

왕상 7:45 솥과 부삽과 대접들이라 히람이 솔로몬 왕을 위하여 여호와의 성전에 이 모든 그릇을 빛난 놋[구리 합금]으로 만드니라

만약 솔로몬이 구리 광산을 소유하고 있었다면 사람들의 기억에서 완전히 사라지지는 않았을 것이다. 결국 고고학자 넬슨 글룩(Nelson Glueck)이 20년 이상 탐색한 끝에 1944년 어느 날 구리 폐허(Copper Ruin)라고 불려왔던 장소를 발견해냈다. 그는 구리 광석 찌끼의 무더기와 용광로를 발견하게 되었는데, 이 사실은 한때 그곳이 커다란 구리 제련소였음을 증명해 주고 있다.

다른 곳에서도 유사한 장소가 발굴되었다. 발굴된 곳에서 나온 도자기들은 솔로몬 시대와 같은 연대임이 밝혀졌다. 오늘날도 그 근방에는 아직까지 구리 광산이 존재한다.

가장 위대한 증거는 성경의 저작자인 예수 그리스도께서 성경에 대해서 말한 내용이다. 그가 하나님으로 증명된 이상 그가 말한 것은 진리일 수밖에 없다.

요 12:48-49을 보라.

요 12:48-49 48나를 저버리고 내 말을 받지 아니하는 자를 심판할 이가 있으니 곧 내가 한 그 말이 마지막 날에 그를 심판하리라 49내가 내 자의로 말한 것이 아니요 나를 보내신 아버지께서 내가 말할 것과 이를 것을 친히 명령하여 주셨으니

# 10과

# 성경의 권위 - 2부

## (보충 자료)

보충 교재는 함께 연구하고 공부하라.
어려운 개념들이 많으므로 참고 자료로서 한번 함께 읽는 것이 좋다.
이해가 되는지 어떻게 생각하는지 간간히 의견을 나누고 교환하라.

## 6 성경으로 알려진 히브리의 24권의 구약의 공인된 정경이 존재했다는 증거

### 가. 성경 내의 증거

2) 예수님은 구약성경 한권 한권을 성경이라 부르며 인용하셨다.

(2) 눅 11:51

대하 24:21 무리가 함께 꾀하고 왕의 명령을 따라 그(사가랴)를 여호와의 전 뜰 안에서 돌로 쳐죽였더라

→ 이 사가랴는 스가랴서의 선지자 스가랴와 동일 인물이 아니다.

## 나. 성경 외의 증거

3) 탈무드 : AD 400-500년의 랍비들의 견해에 대한 기록
탈무드에서도 계속 정경이 존재한다는 것을 인식하고 있다.

(2) Seder Olam Rabbah 30에는 다음과 같이 기록되어 있다.
"이 시기까지(알렉산더 대왕) 예언자들은 성령을 통해서 예언했다. 이 시기 이후부터는 당신의 귀를 기울이고 현자의 말을 들으라'

말라기는 알렉산더대왕 이전까지의 마지막 선지자로 구약의 예언은 거기까지 이다.

(3) 외경이 인정되지 않는 이유
a. AD 4세기 초, 400년 동안 예수님에 관계된 모든 목록은 외경을 제외했으나 5세기가 되어서 로마 가톨릭 교회는 외경들을 정경목록에 살짝 덧붙였다.

참고 : 외경은 하나님의 영감으로 기록되지 않았기 때문에 비록 정경에 포함되지 않았으나 훌륭한 사람들에 의해 쓰여진 책으로 신자들이 연구할 가치는 있는 책이다. 그런데 로마 가톨릭은 외경의 일부를 정경에 포함시켰다

i. 외경의 모순된 기록에 대한 참고 자료

참고 : 아래 나오는 토빗, 유디트, 마카비 제1서, 집회서, 솔로몬의 지혜는 모두 외경들의 제목이다

# 7 신약 성경 정경

## 라. 성경 외적 증거

1) 역사성

(2) 사해사본

참고 : 쿰란 사본이 발견되기까지는 맛소라 사본이 현존하는 구약 전체의 사본 중 가장 오래된 것이었다.

MEMO

MEMO

MEMO